GEORG ZIMMERMANN **I GING**

GEORG
ZIMMERMANN

I GING

DIEDERICHS **KOM PAKT**

Bibliografische Information Der Deutschen Bibliothek
Die Deutsche Bibliothek verzeichnet diese Publikation
in der Deutschen Nationalbibliografie;
detaillierte bibliografische Daten sind im Internet
über http://dnb.ddb.de abrufbar.

© Heinrich Hugendubel Verlag, Kreuzlingen/
München 2003
Alle Rechte vorbehalten

Umschlaggestaltung: Zembsch' Werkstatt, München
Textredaktion: Barbara Imgrund, Heidelberg
Produktion: Maximiliane Seidl
Satz: EDV-Fotosatz Huber/Verlagsservice G. Pfeifer,
Germering
Druck und Bindung: Huber, Dießen
Printed in Germany

ISBN 3-7205-2390-7

INHALT

EINFÜHRUNG 7

WAS IST DAS I GING
UND WAS KANN ES? 10
   Textgeschichte und Einschätzung
   des I Ging 11
   Die Bedeutung des I Ging 15
   Richard Wilhelms Übersetzung 17

DAS I GING ALS ORAKELBUCH 21
   Beispiele 22

DAS WESEN DER TRIGRAMME
UND IHRE WIRKUNG IN DEN
HEXAGRAMMEN 29

DIE DYNAMIK INNERHALB
DER HEXAGRAMME 41
   Aufbau und Struktur der Hexagramme 41
   Das Hexagramm *Der Gegensatz* 44

LESEN EINES HEXAGRAMMS 50
   Das Hexagramm *Die Anfangsschwierigkeit* 51

DIE I-GING-BEFRAGUNG 62
   Anregungen zum Umgang
   mit den Antworten 63

BEISPIELE ZUR I-GING-BEFRAGUNG 71
   Was soll mit dieser Beziehung geschehen? . . . 71
   Wie kann ich bei mir selbst bleiben
   in einer destruktiven Umgebung? 73
   Was geschieht mit den USA? 76

ANLEITUNG ZUR
I-GING-BEFRAGUNG 80
  Art der Frage 80
  Die Stäbchen-Methode 80
  Die Münzmethode 83
  Wie finde ich das Hexagramm und
  seine Wandlung? 83

TEXTMATERIAL DES I GING 85
  Der Grundtext 85
  Die »Zehn Flügel« 85

ANMERKUNGEN 87
LITERATUR 90
DER AUTOR 91

GLOSSAR 92
REGISTER 95

EINFÜHRUNG

> Es ist in diesem Buch, das ich niemals mehr
> als ahnungsweise und für Augenblicke werde
> verstehen können, ein System für die ganze
> Welt aufgebaut.
>
> *Hermann Hesse*

Im I Ging, dem Buch der Wandlungen, ist in der Tat
ein »System für die ganze Welt« verborgen. Niemand
weiß genau, wann es geschaffen wurde und wer es geschaffen hat. Indessen ist man sich in China seit Jahr-
tausenden darin einig, dass seine Schöpfer zu den
größten Weisen des Altertums gezählt werden müssen. Gleichsam als ein einzigartiger Wegweiser für
das menschliche Leben hat das I Ging die gesamte
Geschichte Chinas begleitet und dabei dessen größte
Geister zu tiefen Gedanken, ja zur Entwicklung ganzer philosophischer Systeme angeregt. Man könnte es
daher auch die »Bibel« der Chinesen nennen, gilt es
ihnen doch traditionell als das Buch der Bücher.

Doch es ist weit mehr als das – es ist ein Weltbuch,
das bewies die epochale deutsche Übersetzung durch
Richard Wilhelm von 1924, die inzwischen in sämtliche westliche Kultursprachen übersetzt wurde. So soll
auch in erster Linie das I Ging als Weltbuch im Mit-
telpunkt dieser Einführung stehen. Es wird also weniger darum gehen zu untersuchen, welche Wirkung das
Buch auf die chinesische Kultur hatte, als vielmehr
festzustellen, was es uns in der Gegenwart sagen kann.

Lassen wir das Buch zunächst für sich selbst sprechen. In einem seiner erklärenden Texte heißt es: »Das
Buch der Wandlungen denkt nicht nach und tut nichts,

sondern ist in Stille regungslos. Regt man es aber an, dann erfolgt eine Durchdringung aller Gegebenheiten auf Erden. Wäre es nicht das geisterfüllteste auf Erden, wie könnte es dann ein solches hergeben?«

Das I Ging zwingt also zu nichts. Lässt man es in Ruhe, dann bleibt es auch »in Stille regungslos«. »Regt man es aber an« – sei es, dass man darin liest, sei es, dass man das Buch konkret befragt –, dann verspricht es, alle »Gegebenheiten auf Erden« zu durchdringen. Befragen kann man das Buch zu persönlichen Situationen aller Lebensbereiche, indem man fünfzig Stäbchen auslegt oder drei Münzen wirft. Dann gelangt man im I Ging zu so genannten Hexagrammen und einer Reihe urtümlicher bildhafter Worte, welche die eigenen Intuitionen bei entscheidenden Lebensfragen mobilisieren können.

Wie ich selbst über Jahrzehnte erfahren habe, gibt das I Ging allerdings nicht ohne weiteres seine Geheimnisse preis. Man muss ihm mit Offenheit begegnen: Es gewährt einem erst dann wirklich Zugang, wenn man das ihm innewohnende »Alphabet« einigermaßen kennt. Dieses Alphabet soll hier entschlüsselt und das I Ging als Orakel- und Weisheitsbuch verstehbar gemacht werden. Zentrales Anliegen der vorliegenden Einführung ist es, den Leser zu einem Verstehen der so genannten Trigramme und Hexagramme sowie ihrer Beziehungen untereinander hinzuführen. Dabei werden beide Aspekte – das I Ging als Weisheits- wie auch als Orakelbuch – gebührend berücksichtigt.

Um dem Leser den ursprünglichen Text des I Ging möglichst nahe zu bringen, werden manche Begriffe zu hinterfragen und die Bedeutungsfelder der chinesischen Wörter zu beleuchten sein. Außerdem wird für die einzelnen Sätze durchweg eine neue, zeitgemäße Übersetzung vorgeschlagen – nicht ohne stets auch die klassische Richard Wilhelms zu berücksichtigen (vgl. Kapitel 1).

Die Hexagramme gebe ich unter den von Wilhelm übersetzten Namen *kursiv* an; dahinter steht in Klammern die Nummer des Hexagramms – wobei man wissen sollte, dass die Durchnummerierung der Hexagramme eine westliche Gepflogenheit ist und in China nie vorgenommen wurde. Chinesische Personennamen gebe ich gemäß chinesischer Gepflogenheit an, das heißt der Familienname (meist einsilbig) wird zuerst genannt und danach der Eigenname (meist zweisilbig), wie es auch in der Politik üblich ist: So spricht niemand von Zedong Mao oder Xiaoping Deng, sondern von Mao Zedong und Deng Xiaoping.

WAS IST DAS I GING
UND WAS KANN ES?

Das I Ging, das Buch der Wandlungen, entzieht sich jeder gängigen Zuordnung. Es ist keine Philosophie, keine Ethik, keine Kosmologie, kein religiöser Offenbarungstext, keine Mythologie, sondern sozusagen alles in einem. Mit seinen Strichkombinationen und seiner urtümlichen Bildsprache erhebt es den Anspruch, sowohl den Kosmos als auch jeden einzelnen Menschen in seinem schicksalhaften Wandel zu erfassen. Somit kann man es allgemein als Weisheitsbuch bezeichnen. Andererseits lässt sich das Buch zu allen persönlichen Lebenssituationen befragen, ist also zugleich eine Art Orakelbuch.

Hinter dem I Ging verbirgt sich eine der merkwürdigsten Kulturschöpfungen – buchstäblich merk-würdig, denn es ist würdig, dass man seinetwegen aufmerkt. Auf viele Menschen, die es zum ersten Mal in die Hand nehmen, übt es unmittelbar eine große Faszination aus; bald aber empfinden sie eine gewisse Enttäuschung, weil es zwar seinen unendlichen Reichtum zeigt, seinen tieferen Sinn jedoch zunächst allenfalls wie durch den winzigen Spalt einer fast geschlossenen Tür enthüllt. So stößt man auf ebenso einfache wie urtümliche Bildworte, etwa: »Dem Vogel verbrennt sein Nest. Der Wanderer lacht erst, darauf klagt und weint er«, oder: »Er dringt ein ins Loch. Da kommen drei nicht eingeladene Gäste.«

Gegliedert ist das Buch in sozusagen 64 Kapitel, die mit Titeln wie »Die Annäherung«, »Gemeinschaft mit Menschen« oder »Der Durchbruch« jeweils eine Art Lebensstation oder Lebenssituation andeuten. Diesen Titeln entspricht je ein so genanntes Hexagramm. Das ist ein Gebilde, das sich aus sechs waagrechten, übereinander gestellten Strichen zusammensetzt, die sich wiederum in zwei unterschiedliche Stricharten auffächern, in geteilte (— —) und ungeteilte (———). Die geteilten gelten als Yin-Striche und die ungeteilten als Yang-Striche. Dadurch stellen die Hexagramme je ein charakteristisches Zusammenspiel der beiden kosmischen Grundkräfte, des ruhend bewahrenden Yin und des schöpferisch bewegenden Yang, dar. Das Hexagramm *Die Annäherung* sieht beispielsweise folgendermaßen aus:

Kurz gesagt nähern sich in diesem Hexagramm von unten zwei aktive Striche den ruhenden vier oberen Strichen an.

Aufgefasst werden die Hexagramme als eine Zusammensetzung zweier Trigramme (den drei unteren und den drei oberen Strichen), die wiederum für eine bestimmte Dynamik stehen (vgl. auch Kapitel 3).

TEXTGESCHICHTE UND EINSCHÄTZUNG DES I GING

Wann das I Ging entstanden ist, lässt sich nur vermuten anhand der ältesten Textschicht – der so genannten Urteile und der Worte zu den einzelnen Strichen (Wilhelm sagt »Linien«). Die Urteile sind kurze Sprüche, die die Gesamtsituation eines Hexagramms umschreiben. Die Worte zu den einzelnen Strichen beziehen sich auf je einen Strich in den Hexagrammen. Diese beiden Textgruppen bilden den Grundtext des Buches.

Dessen Ursprung dürfte etwa ins erste Viertel des ersten vorchristlichen Jahrtausends fallen, das heißt in die ersten Jahrhunderte der Zhou-Dynastie (ca. 1100–256 v. Chr.); die früheste Erwähnung des Buches datiert aus dem 4. vorchristlichen Jahrhundert.[1] Allerdings spricht einiges dafür, dass die Strichkombinationen (Trigramme und Hexagramme) wesentlich älter sind. Die Ursprünge des Buches verlieren sich also buchstäblich im Dunkel der Vorgeschichte.

Eine zweite Textschicht, die so genannten »Zehn Flügel«, besteht aus erläuternden und kommentierenden Texten, die teilweise auch weit über den Grundtext hinausgehen. Diese Texte könnten etwa in der Zeit des 4. und 3. vorchristlichen Jahrhunderts verfasst worden sein. Weder ist von einem dieser Texte ein Autor bekannt, noch lassen sie sich eindeutig einer bestimmten Schulrichtung zuordnen. Oft wird ein »Meister« zitiert, doch wissen wir nicht, wer damit gemeint ist – oder sind es gar mehrere?

Der Grundtext wurde ursprünglich wohl als reines Orakelbuch geschaffen und als solches bei Hofe verwendet. Denn dass er eng mit dem Hofe der Zhou-Könige verbunden war, belegen einige Sätze. So heißt es in den Worten zum fünften Strich sowohl des Hexagramms *Der Friede* (11) als auch des Hexagramms *Das heiratende Mädchen* (54): »Diyi verheiratet seine jüngere Schwester.« Diyi war der zweitletzte König der Shang-Dynastie (ca. 17.–11. Jahrhundert v. Chr.) und verheiratete laut einer Ode im *Buch der Lieder* (*Shijing*) seine Schwester oder Cousine an den Fürsten des Lehnsstaates Zhou, aus dem bald darauf die Zhou-Dynastie hervorgehen sollte. Im Hexagramm *Die Verfinsterung des Lichts* (36) wird zum fünften Strich Prinz Ji genannt, ein Verwandter des letzten Shang-Königs Zhouxin. Diese drei Stellen stehen also in einem engen Zusammenhang mit der Begründung der Zhou-Dynastie.

Aufgrund dieser Bezüge wurde die Hypothese aufgestellt, dass viele Sätze nach konkreten Befragungen des I Ging gemäß deren Umständen in das Buch aufgenommen wurden.[2] Das würde bedeuten, dass der Text allmählich wuchs oder auch einem weitgehenden Wandel unterworfen war. Man kann die Tatsache, dass historische Ereignisse im I Ging angedeutet werden, allerdings auch so sehen, dass sie dort als Exempel wiedergegeben sind.

Etliche Sätze im I Ging stehen Oden des *Buches der Lieder* sehr nahe, die ebenfalls in der frühen Zhou-Zeit entstanden – jedoch sind sie nie damit identisch. Somit ist vorstellbar, dass man aus einem bekannten Fundus »geflügelter Worte« schöpfte und diese zu Orakelsprüchen umformte.

Seine endgültige traditionelle Form erhielt das I Ging wahrscheinlich im 3. nachchristlichen Jahrhundert. Bis ins 20. Jahrhundert hinein hielt man ein Manuskript aus der Tang-Dynastie (718–907) für die älteste, vollständig erhaltene Abschrift; zudem gab es Fragmente des auf kaiserlichen Befehl auf Steinstelen gehauenen Textes[3] aus dem Jahre 175 n. Chr. Im Jahre 1973 wurde jedoch in Mawangdui, einem Ort in der Nähe von Changsha, der Hauptstadt der Provinz Hunan, als Grabbeigabe eine Reihe von Texten entdeckt, die auf Seide geschrieben sind. Darunter befindet sich auch ein Manuskript des I Ging. Es beinhaltet den Grundtext und einen Teil der »Zehn Flügel« sowie weitere, bisher unbekannte Kommentare. Aufgrund historischer und textkritischer Untersuchungen muss dieses Manuskript um 180 v. Chr. geschrieben worden sein – damit ist es also um Jahrhunderte älter als alle anderen.

Im Vergleich zum traditionellen Text fällt zunächst auf, dass dieser relativ gut überliefert ist. Wenn man von leichten Schreibvarianten, und zwar gleich ausgesprochenen, aber völlig anders geschriebenen Schriftzeichen, absieht, unterscheiden sich die beiden Texte erstaunlich wenig. Viele der Schreibvarianten lassen sich auch damit erklären, dass der Prozess der Vereinheitlichung der Schrift in dieser Zeit noch nicht abgeschlossen war. Die Gegend von Changsha war damals eine südliche Randregion, die über eine noch eigenständige Lokalkultur verfügte.

Ein beträchtlicher Unterschied zeigt sich allerdings in der Reihenfolge, in der die Hexagramme angeordnet sind. Das Mawangdui-Manuskript geht hier streng systematisch vor, was ausgezeichnet zum Zeitgeist der ersten vorchristlichen Jahrhunderte passt: Denn ab dem 3. vorchristlichen Jahrhundert presst man alles mehr und mehr ins System der so genannten »Fünf Wandlungsphasen« hinein und deutet die Geschichte als eine Reihe von Dynastien, denen wie bei einer zyklischen Abfolge jeweils immer wiederkehrende Merkmale zugesprochen werden. Es herrscht also mit anderen Worten ein Geist vor, der alles systematisieren will. Daher ist diese Reihenfolge nicht als die ursprüngliche zu betrachten – sie wirkt vielmehr künstlich, ganz im Gegensatz zur organisch sinnvollen, traditionellen Anordnung.

Ab dem 4. vorchristlichen Jahrhundert war das I Ging zwar allgemein bekannt, doch galt es als ein Buch unter vielen. Dies änderte sich während des 2. vorchristlichen Jahrhunderts schlagartig. Während dieser Zeit wurde der Konfuzianismus zur Staatsideologie erhoben – ein Konfuzianismus allerdings, der sich schon weit von den Ideen des Konfuzius (551–479 v. Chr.) entfernt hatte, vor allem aufgrund seiner patriarchalischen und hierarchischen Ausprägung. In dieser Zeit erklärte man das I Ging zum wichtigsten konfuzianischen Klassiker. Doch mit größter Wahrscheinlichkeit beschäftigte sich Konfuzius selbst nie mit dem I Ging, ja er kannte es mit an Sicherheit grenzender Wahrscheinlichkeit nicht einmal.[4] Nichtsdestoweniger wurde nun behauptet, er hätte es redigiert und sämtliche »Zehn Flügel« verfasst. Diese Lehrmeinung blieb über Jahrtausende erhalten – auch Richard Wilhelm zweifelte sie nicht an.

Seine zentrale Stellung bescherte dem I Ging eine reiche Sekundärliteratur. Aus den folgenden Jahrhunderten etwa stammen die wichtigsten Prinzipien, wie man sich dem I Ging sinnvoll annähern und es interpretieren könne, aber auch Theorien, die das I Ging zur Legitimation der zeitgenössischen Gesellschaftsordnung heranzogen.

DIE BEDEUTUNG DES I GING

Wie man seit alters das Wesen des I Ging verstand, mag das folgende Zitat illustrieren. Es entstammt der »Besprechung der Zeichen« (Zeichen = Trigramme), einem der »Zehn Flügel«:

> In alten Zeiten schufen Berufene das Buch der Wandlungen ... Aufgrund der Beobachtung der Veränderungen durch Yin und Yang setzten sie die Zeichen fest. Aufgrund der Enthüllung der Bewegungen durch Festes und Weiches schufen sie die einzelnen Striche. Aufgrund des Einklangs mit dem Laufe des Weges (Tao) und der inneren Kraft (Te) brachten sie Ordnung in den Gemeinsinn (*yi*). So ergründeten sie die Prinzipien der Außenwelt und erforschten das Wesen (*xing*), wodurch sie zu den Schicksalskräften (*ming*) vordrangen.

Berufene beobachteten also, dass die beiden kosmischen Grundkräfte, die schöpferisch bewegende, Yang, und die ruhend bewahrende, Yin, verändernd und umgestaltend in allem wirkten. Um dieses Wirken, das dem gesamten Dasein zugrunde liegt, zu erklären, setzten sie die »Zeichen« fest, das heißt die Hexagramme und die Trigramme. Da nun nach der Auffassung dieser Schöpfer des I Ging alles im Wandel ist, musste darin auch diese unentwegte Bewegung gezeigt werden. Man findet sie im Spannungsverhältnis der einzelnen Striche zueinander und in ihren Umwandlungstendenzen.

Nun taucht im Zitat das Begriffspaar Tao und Te auf. Tao kann als der Weg bezeichnet werden, der sich jedem Menschen allmählich eröffnet und seine Folgerichtigkeit offenbart. Ebenso bezeichnet es aber auch die kosmischen Prozesse, die sich immerfort gestalten und umwandeln. Wer beiden Wegen, seinem eigenen und dem des Kosmos, aufrichtig folgt, wird sowohl seine eigene Erfüllung als auch diejenige des Kosmos finden. Damit aber überhaupt jemand diesem Weg folgt, braucht er eine innere Kraft, eine Motivation dazu: Te. Wer mit dem Laufe des richtigen und wahrhaften Weges und mit seiner inneren Kraft, die ihn darauf führt, im Einklang ist, wird gewiss Ordnung in den Gemeinsinn bringen. Das Schriftzeichen für *yi*, Gemeinsinn, das auch mit »Gerechtigkeit« wiedergegeben wird, setzt sich aus einem Element, das als »harmonisch« zu deuten ist, und einem weiteren, das »ich« bedeutet, zusammen. Also besagt es in etwa: »Ich bringe mich mit der Welt, mit den anderen Menschen in Übereinstimmung, in Harmonie.«

Es folgt im letzten Satz ein Begriffspaar, das in naher Beziehung zu Tao und Te steht, nämlich *xing* (Wesen) und *ming* (Schicksalskräfte). *Xing* bezeichnet den inneren Wesenskern jedes Menschen, jedes Geschöpfs. Es ist das, was in der klassischen Schrift *Maß und Mitte (Zhongyong)* als das »vom Himmel Anbefohlene« bezeichnet wird. Hinter dem Wort »anbefohlen« steht schon der zweite Begriff, *ming* (ein Wort kann im Chinesischen jede grammatikalische Funktion übernehmen, das heißt dasselbe Wort kann einmal Substantiv, in einem anderen Kontext aber beispielsweise auch Verb oder Adjektiv sein). Somit schickt der »Himmel« jedem etwas, indem er ihm sein eigenes Wesen verleiht. Aufgrund dieses Wesens muss er nun wiederum zurückwirken auf »des Himmels Befehl«, das heißt auf sein Schicksal.

Daraus ergibt sich der Zusammenhang zum Weg (Tao): Der Weg ist zunächst schicksalhaft gegeben, vom Himmel anbefohlen, und wird vom Menschen ab dem Zeitpunkt der Geburt beschritten. Aber aufgrund seines eigenen Wesens und der darin gründenden inneren Kraft Te kann und wird der Mensch über den Verlauf dieses Weges mitbestimmen. Diese Berufenen nun erforschen einerseits die dem inneren Wesen gegenüberstehende Außenwelt und andererseits das Wesen dessen, der ihr gegenübersteht. In dieser wechselseitigen Beziehung erhellen sich ihnen die »Schicksalskräfte« (*ming*).

Kurz zusammengefasst: Gemäß diesem Text aus dem 4. Jahrhundert v. Chr. wollten seine Schöpfer mit dem I Ging dem Menschen ein Mittel an die Hand geben, das es ihm erleichtern soll, seinen eigenen Weg gestaltend zu finden und ihn zu gehen.

RICHARD WILHELMS ÜBERSETZUNG

Mit seiner archaischen Bildersprache beansprucht das I Ging, sowohl den Kosmos als auch jeden einzelnen Menschen in seinem schicksalhaften Wandel zu erfassen. Das ist der wesentliche Grund dafür, dass die Worte des I Ging sehr knapp und oft mehrdeutig sind: Denn wenn sie auf alle möglichen Situationen zutreffen sollen, müssen sie sehr biegsam sein.

Die Urtümlichkeit der Bilder macht es sehr schwierig, diese in der deutschen oder überhaupt einer anderen Sprache wiederzugeben. Um allen möglichen Situationen, auf die sich die Bilder beziehen können, gerecht zu werden, müssten viele der Sätze in mehreren Varianten übersetzt werden – es wären dann zwar alle als korrekt zu bezeichnen, aber keine einzige würde den ganzen Sinn erfassen. Die Lösung dieses Problems ist Richard Wilhelm[5] mit seiner Übersetzung in hohem Maße gelungen. Sie erschien erstmals 1924 und ist bis heute diejenige geblieben, die dem Originaltext weitestgehend gerecht wird und meines Wissens die einzige vollständige Übersetzung in deutscher Sprache darstellt.

Vor der Wilhelmschen gab es bereits einige englische und französische Übersetzungen, doch keine davon konnte ein größeres Publikum ansprechen. Das war erst der Wilhelmschen beschieden, in erster Linie wohl deshalb, weil Wilhelm das Buch ein großes Anliegen war und er in seine Übersetzung sein Herzblut einströmen ließ, was auch beim Lesen spürbar wird. Gewiss liegt darin der Hauptgrund, weshalb bis heute seine Übersetzung die mit Abstand verbreitetste ist. Dies gilt weltweit, ist sie doch inzwischen in die meisten westlichen Sprachen weiter übersetzt worden.

Wilhelms Deutsch ist von zwei Stilen geprägt: demjenigen Luthers und demjenigen Goethes. Das ergibt zusammen eine an sich schöne Sprache, die allerdings gelegentlich etwas veraltet erscheint oder manchmal einen prophetischen Ton annimmt.

Oft übersetzt Wilhelm wiederum sehr knapp, so dass es sich gar nicht mehr um richtige Sätze handelt, was mitunter das Lesen erschwert. Oder er bildet Sätze, die zwar möglichst nah am Chinesischen bleiben, aber eigentlich unverständlich sind, so etwa: »Fördernd ist es, zu haben, wohin man geht.« Im Deutschen muss man ein Ziel oder zumindest einen Ort haben, wohin man geht. Er übersetzt mit Absicht so, um die knappe und urtümliche Sprache des Originals durchscheinen zu lassen und damit zugleich den Leser zum Nachdenken anzuregen – soweit dieser dazu gewillt ist.

In einem wesentlichen Punkt jedoch war er zu sehr im Geist seiner eigenen Zeit und auch in demjenigen der chinesischen Gelehrtenwelt zu Anfang des 20. Jahrhunderts verhaftet: in seiner Haltung zum weiblichen Geschlecht.[6] So macht er ganz selbstverständlich aus dem wörtlich »großen Menschen« immer einen »großen Mann«. Das klarzustellen erscheint mir deshalb sehr wichtig, weil man durch die Wilhelmsche Übersetzung zu der Ansicht kommen kann, der Grundduktus des I Ging sei ganz patriarchalisch geprägt, was aber nicht stimmt. Es mag für manche Stellen der später entstandenen und ins Buch aufgenommenen Texte teilweise zutreffen – für die ältesten Texte, die Urteile und die Worte zu den einzelnen Strichen jedoch sicher nicht, da sie in einer Übergangszeit von einem allerdings nur vage fassbaren Matriarchat zum Patriarchat geschrieben wurden.[7]

In einem weiteren Punkt zeigt Wilhelm dieselbe Befangenheit: In vielen seiner Kommentare – mitunter auch in der Übersetzung – interpretiert er aus einem politischen und sozialen Standpunkt heraus, der dem alten chinesischen Staatswesen verpflichtet ist. Und diese Kommentare beziehen sich nicht einmal auf das Staatswesen zur Entstehungszeit des I Ging, sondern auf das spätere Kaiserreich. Damit bringt er zum Teil auch moralische Normen mit hinein, die erst lange nach der Entstehung des I Ging aufgestellt wurden. Politik und soziale Ordnung sind jedoch gewiss nicht die einzigen Themenbereiche, auf die das I Ging Antworten geben kann und will – vor allem aber will es wohl kaum eine ideale konfuzianische Ordnung widerspiegeln geschweige denn rechtfertigen.

Hermann Hesse hat wohl gespürt, dass das I Ging nicht so moralisch gemeint ist, wie es uns Wilhelm oft glauben macht. So schreibt er etwa in einem Brief an Wilhelm am 4. Juni 1926:

> Ihre chinesische Welt zieht mich mit ihrer magischen Seite an, während ihre prachtvolle moralische Ordnung mir, dem Unsozialen, bei aller Bewunderung fremd bleibt. Leider ist mir dadurch auch das I Ging nur teilweise zugänglich, ich betrachte zuweilen seine tiefe, satte Bilderwelt, ohne zur Ethik der Kommentare eine eigentliche Beziehung zu haben.[8]

ZUM AUFBAU DER
WILHELMSCHEN ÜBERSETZUNG

Wilhelms Übersetzung ist auf den ersten Blick etwas unübersichtlich angeordnet. Er teilt sie in drei Bücher auf: 1. »Der Text«, 2. »Das Material«, 3. »Die Kommentare«. Im Ersten Buch bringt er zu den einzelnen Hexagrammen nur den Grundtext (»Urteil« und »Die einzelnen Linien«) und die »Bildworte«, die er in wörtlicher Übersetzung »Das Bild« nennt. Im Dritten Buch wiederholt er Grundtext und Bildworte, fügt aber dann alle Kommentare, die sich auf die einzelnen Hexagramme beziehen, hinzu. Im Zweiten Buch bringt er die beiden Kommentare, die sich nicht direkt auf die einzelnen Hexagramme beziehen: die »Besprechung der Zeichen« und »Die Große Abhandlung«.

Die Aufgliederung in ein Erstes und Drittes Buch verwirrt jedoch etwas. Wilhelms Idee war, den Leser zunächst nicht allzu sehr mit Neuem zu verwirren. Daher bringt er im Ersten Buch nur Grundtext und Bildworte, damit man zuerst die bildhaften Worte auf sich einwirken lassen kann, ohne sich um die vielen Bezüge zum Aufbau der Hexagramme kümmern zu müssen; dementsprechend gestaltet er hier seine Erläuterungen. Alles, was in kleinerer Schrift gedruckt ist, sind Wilhelms eigene Erläuterungen und keine Übersetzungen, in größerer Schrift eingerückt sind die Übersetzungen.

DAS I GING ALS ORAKELBUCH

> Das Buch der Wandlungen ist es, wodurch der Berufene bis in die größten Tiefen dringt und dadurch alles im keimhaften Zustand erfasst. Nur aufgrund der Tiefen kann er die Bestrebungen auf Erden durchdringen. Nur durch [das Erfassen] des keimhaften Zustandes kann er die sich ergebenden Aufgaben auf Erden bewerkstelligen.

In diesem Zitat aus einem der »Zehn Flügel«, der »Großen Abhandlung«, wird die Befragung des Buches angesprochen, die aufgrund einer Auslegung von fünfzig Stäbchen oder dem Werfen von drei Münzen erfolgt, wodurch man zu bestimmten Zahlenwerten gelangt. Daraus lässt sich ein Hexagramm errechnen, das die Frage auf die Lebenssituation beantwortet (zur Vorgehensweise siehe S. 85ff.).

Diese »Antwort« soll es – so wird es im Text ausgedrückt – dem Fragesteller ermöglichen, »alles im keimhaften Zustand zu erfassen«. Das scheint mir bezüglich einer I-Ging-«Befragung« eine bedeutsame Feststellung, denn damit behauptet sich das I Ging nicht als ein Orakelbuch in dem Sinne, dass es vorgibt, die Zukunft vorauszusagen, sondern macht den Leser auf die »Keime« aufmerksam, die in der Gegenwart vorhanden sind. Es verweist nur insofern auf die Zukunft, indem es aufgrund dieser Keime Tendenzen anzeigt. Was der Fragesteller mit diesen Tendenzen anfängt, in welche Richtung er sich entscheidet, bleibt ihm selbst überlassen.

Bedeutsam ist dabei, dass man »bis in die größten Tiefen dringt« – was im Zusammenhang mit einer I-Ging-Befragung eigentlich nur bedeuten kann, dass man bis in seine eigenen »größten Tiefen« vom

I Ging angesprochen wird. Man wird also von den Hexagrammen und den urtümlichen Bildworten so inspi-
riert, dass dadurch die eigene Intuition zu der gestellten, entscheidenden Lebensfrage wachgerufen wird.

BEISPIELE

Wie solche »Antworten« des I Ging aussehen können, soll im Folgenden an einigen Beispielen aus der
Praxis gezeigt werden.

Vorausgeschickt sei eine kurze Erläuterung der
»wandelbaren Striche«. Jeder der sechs Striche eines
mit den fünfzig Stäbchen ausgelegten oder den drei
Münzen geworfenen Hexagramms kann entweder als
wandelbar oder nicht wandelbar errechnet werden.
Ist ein Strich wandelbar, so bedeutet dies, dass er die
Tendenz hat, sich in den jeweils anderen Strich umzuwandeln (— — → ——— oder ——— → — —). Durch
diese Umwandlung entsteht ein neues Hexagramm.
Damit wird ein Weg aufgezeigt, in welche Richtung
sich die Situation weiterentwickeln könnte.

Eine chinesische Asylbewerberin, um die ich mich
gekümmert hatte, war plötzlich spurlos verschwun-
den. Obschon sie einen negativen Bescheid von den
Behörden in Bern erhalten hatte, erschien es mir relativ unwahrscheinlich, dass sie einfach untergetaucht
war, ohne mir etwas zu sagen. Ich machte mir also
große Sorgen um sie. In dieser Situation gab mir das
I Ging neben anderen sehr sinnvollen Sätzen die folgende Kernantwort: »Wenn du ein Pferd verlierst,
laufe ihm nicht nach, es kommt von selber wieder.«
Und so war es: Einige Wochen später gab mir die
junge Frau von irgendwo in der Welt telefonisch ein
Lebenszeichen.

Einen eindrücklichen Weg zeigte das I Ging bei
der Befragung durch eine Frau, die wissen wollte, ob
ihre derzeitige Stelle ihre Lebensaufgabe sei. Es han-

delte sich um einen arbeitstherapeutischen Job, an dem sie eigentlich nichts auszusetzen hatte. Doch es stellte sich ihr ganz einfach die Frage: Bin ich in meinem Leben nicht noch zu etwas anderem berufen? Die Berufung, die sie zu spüren glaubte, ging in eine spezifischere therapeutische Richtung, die eine neue Ausbildung, finanzielle Einschränkungen und Risikobereitschaft erforderte. Die Befragung ergab das Hexagramm *Das Entgegenkommen* (44):

Sehen wir uns dieses Hexagramm einmal näher an: Die unteren drei Striche bilden das Trigramm mit dem Namen Sun und der bildhaften Bezeichnung Wind oder Baum:

Wind oder Baum weisen als Bild beide auf etwas, das zwischen Himmel und Erde ist. Der Baum ist in der Erde verwurzelt – das wird durch den untersten Yin-Strich symbolisiert. Oben wächst er dem Himmel entgegen, im Trigramm symbolisiert durch die zwei Yang-Striche. Zugleich wird dem Trigramm auch die Eigenschaft des Eindringens zugesprochen: Der Baum dringt unten in die Erde ein und wächst nach oben dem Himmel zu; der Wind dringt in jede Ritze ein.

Oben steht das Trigramm Qian, das mit »Himmel« charakterisiert wird:

Drei Yang-Striche bedeuten sowohl Stärke und Tatkraft als auch Klarheit und Entschlossenheit.

Wichtig ist zu bemerken, dass das untere Trigramm nach chinesischer Tradition auch als inneres und das obere auch als äußeres Trigramm aufgefasst wird. Bezieht man diese Betrachtungsweise in die

Frage mit ein, so fällt auf, dass hier von innen heraus etwas eindringt, mit dem man unbedingt angemessen umgehen muss. Im Urteil, den knappen Worten, die die Gesamtsituation aufzeigen sollen, steht zu diesem Hexagramm: »Beim Entgegenkommen ist die Frau stark. Man soll die Frau nicht heiraten.« Im Kommentar dazu (einem der »Zehn Flügel«) heißt es, man solle die Frau nicht heiraten, denn man könne nicht lange mit ihr zusammen sein.

Die »starke Frau« verweist auf das untere Trigramm Sun, den Wind oder Baum, das als Yin-Trigramm aufgefasst wird (das nächste Kapitel wird noch näher auf diese Geschlechtszuordnungen eingehen). Qian, der Himmel außen ist gewiss auch stark, insofern, als sich in ihm eine Zielstrebigkeit zeigt, für die man sich notfalls auch durchboxen kann. Ganz anders ist die Stärke der »Frau«, die in einem sanften, aber unerbittlichen Eindringen besteht. Gegen den Wind zu boxen, bleibt wirkungslos. Nimmt man hier das Bild des Baumes hinzu, so kann das bedeuten, dass man von innen heraus mehr und mehr überwuchert wird.

Für die Frau, die das I Ging befragte, war das eine klare Antwort: Ich kann an dieser Stelle zwar kompetent und selbstsicher arbeiten, aber »verheiraten« darf ich mich nicht mit ihr, denn auf mich warten noch andere Lebensaufgaben.

Dadurch, dass der dritte Strich wandelbar war, wurde auf eine weiterführende Tendenz verwiesen. Wandelt man den dritten in einen Yin-Strich um, so ergibt sich folgendes Hexagramm:

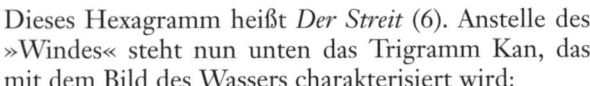

Dieses Hexagramm heißt *Der Streit* (6). Anstelle des »Windes« steht nun unten das Trigramm Kan, das mit dem Bild des Wassers charakterisiert wird:

Gemeint ist fließendes Wasser, das stets die tiefsten Stellen aufsucht, aber dadurch, dass es in Bewegung ist, selbst aus dem tiefsten Abgrund immer wieder seinen Weg hinaus findet. Die Grundbedeutung des Schriftzeichens für Kan ist »Loch«, »Grube«, es hat also mit etwas Abgründigem zu tun. Somit wird mit diesem unteren Trigramm eine große potenzielle Gefahr angedeutet. Oben ist immer noch die Stärke des »Himmels«, der dazu tendiert, mit Entschlossenheit über alles hinwegzugehen. Doch soll ein gutes Ende gefunden werden, so muss diese Stärke ihre Grenzen sehen, da ihr sonst ein Absturz in die Tiefen des Abgrundes droht. Der Fragestellerin sagte dies, dass sie trotz ihrer Entschlossenheit, sich von dieser Stelle zu lösen, dabei sehr behutsam würde vorgehen müssen.

Nun war auch der fünfte Strich wandelbar. Dies führte weiter zum folgenden Hexagramm:

Es handelt sich um das Hexagramm *Vor der Vollendung* (64). Hier tritt an die Stelle des starken Himmels das Trigramm Li mit dem Bild des Feuers und der Klarheit:

Dadurch, dass in der Mitte dieses Trigramms ein Yin-Strich steht, fehlt ihm im Vergleich zum »Himmel« die Stärke und Entschlossenheit. Die ruhende Mitte wird auch als nährendes Element aufgefasst – dieses kann man, bezogen auf das Bild des Feuers, als Brennmaterial deuten. Damit steht nun außen im Hexagramm klare Umsicht. Unten steht noch immer eine Gefahr, die es genau zu betrachten gilt, damit sie überwunden werden kann. Das Hexagramm *Vor der Vollendung* deutet auf eine Situation hin, in der es um das Gewinnen von Neuland geht. In den Texten zum Hexagramm ist die Rede von einem jungen Fuchs, der behutsam ein Wasser überquert. Da er jung ist, verfügt er über wenig Erfahrung. Für die Frau war dies ein klarer Hinweis darauf, dass es in absehbarer Zukunft wirklich gelten würde, Neuland zu betreten.

Vier Monate später befragte sie das I Ging erneut. Diesmal lautete die Frage: »Wie ist es, wenn ich meine Stelle kündige?« Das I Ging antwortete mit dem Hexagramm *Das heiratende Mädchen* (54) ohne einen wandelbaren Strich:

Außen steht das Trigramm Zhen mit dem Bild des Donners. Es weist auf einen Aufbruch hin und ist, als Yang-Trigramm verstanden, auch stark. In ihm wühlt sozusagen der unterste Yang-Strich die beiden erdhaften Yin-Striche auf:

Innen – unten – steht das Trigramm Dui, das durch den See und das Heitere charakterisiert wird:

Dies ist wiederum ein Yin-Trigramm. Es deutet auf eine emotionale Offenheit und Direktheit hin und steht für das *heiratende Mädchen*, was besser mit *heiratende jüngere Schwester* übersetzt wird. Es wurde bereits auf den historischen Hintergrund in den Texten zu diesem Hexagramm hingewiesen. König Diyi, zweitletzter Herrscher der Shang-Dynastie (ca. 17.–11. Jahrhundert v. Chr.), gab seine Schwester seinem Vasallen vom Lehnsstaat Zhou zur Ehe. Wie es damals Brauch war, gingen auch die jüngeren Schwestern der Braut mit in die Ehe. Weil nun die erste Schwester keinen Sohn gebar, erwählte der Vasall eine jüngere Schwester namens Shen zur Hauptfrau, die ihm einen Sohn gebar. Dieser Sohn überwand den letzten Shang-König, der als finsterer Tyrann beschrieben wird, und begründete als König Wu die neue Dynastie Zhou.[9]

Diese Geschichte wirft einiges Licht auf die Bedeutung dieses Hexagramms. Sie ist ein gutes Bild dafür, wie aus etwas Altem Neues hervorgehen kann. Um zum Neuen zu kommen, muss man genau hinsehen, womit man sich nun »verheiratet«. Der innere Impuls ist schon da, er führt einen vielleicht auch an der Nase herum. Geleitet er einen aber zum Richtigen, so geht daraus eine »neue Dynastie« hervor. Die jüngere Schwester, die man im unteren Trigramm symbolisiert sehen kann, ist nicht völlig anders als die ältere, von der man sich allmählich wird »trennen« müssen: Sie sind »Schwestern«. Anders gesagt: Was einem unmittelbar gegeben ist, muss nicht zwingend für alle Zeiten das Richtige bleiben, man muss nicht bis in den Tod damit »verheiratet« bleiben. Doch man braucht auch nicht etwas ganz anderes.

Was sich da von innen her meldet und sich mit einem »verheiraten« will, lässt einem zwar Zeit, aber keine Ruhe. Die Kraft nach außen ist mit dem Donner da, doch ist es notwendig, dass sie sich nach innen wendet, damit man genauer betrachtet, was sich da meldet.

In den Bildworten (Wilhelm nennt sie »Das Bild«) heißt es zu diesem Hexagramm:

> Über dem See ist der Donner: die heiratende jüngere Schwester. So erkennt der Edle, was in Anbetracht des letzten Endes wertlos ist.[10]

Den »Edlen« kann man als denjenigen auffassen, der aus dieser Situation das Bestmögliche macht. Das Wort, das mit »wertlos« wiedergegeben wird, ist im Sinn von etwas Abgenütztem, nicht mehr Brauchbarem zu verstehen, wie etwa ein Paar ausgetretene Schuhe. Es geht also darum, sich zu fragen, was in Zukunft das Wertvolle, das Wesentliche sein wird und wovon man sich allmählich verabschieden sollte.

Diese Antwort beeindruckte die Fragestellerin sehr, fand sie doch darin eine Bestätigung, dass es nun an der Zeit sei, sich anderem zuzuwenden. Ihre derzeitige Stelle neigte dazu, »wertlos« zu werden. Interessant ist der Vergleich mit der »Antwort«, die sie vier Monate früher erhalten hatte. Dort hieß es: »Verheirate dich nicht.« Nun war offenbar die richtige »Ehefrau« gefunden.

DAS WESEN DER TRIGRAMME UND IHRE WIRKUNG IN DEN HEXAGRAMMEN

Da die Hexagramme aus den Trigrammen aufgebaut sind, setzt das Verständnis der Hexagramme eine gute Kenntnis der Trigramme voraus. Diese acht Trigramme tragen Eigennamen, die als solche eigentlich nicht übertragbar sind, und werden zudem mit Bildern aus der Natur charakterisiert, die sie gut fassbar machen. Nachstehend die Reihe der acht Trigramme, wobei zuunterst die deutschen Bezeichnungen stehen, die Wilhelm ihnen sinnvollerweise verliehen hat:

Qian	Kun	Zhen	Sun
☰	☷	☳	☴
Himmel	Erde	Donner	Wind
Das Schöpferische	Das Empfangende	Das Erregende	Das Eindringende
Kan	Li	Gen	Dui
☵	☲	☶	☱
Wasser	Feuer	Berg	See
Das Abgründige	Das Haftende	Das Stillhalten	Das Heitere

Indem diese acht Trigramme wiederum miteinander kombiniert werden, ergeben sich die 64 »Hexagramme« ($64 = 8^2$). Diese tragen, wie schon erwähnt, Namen, die spezifische Lebenssituationen bezeichnen, so etwa »Begeisterung«, »Bedrängnis«, »Wiederkehr«. Aufgefasst werden die Hexagramme als Gebilde, die von unten nach oben gewachsen sind, vergleichbar mit einer Pflanze, die aus der Erde empor sprießt. So wird das untere Trigramm auch das »innere« und das obere das »äußere« genannt. Was innen ist, kann man nicht sehen, aber als das von unten hinauf Wachsende wird es die Zukunft bestimmen. Das Äußere ist sichtbar; dadurch, dass es sich als Äußeres zeigt, gehört es der Gegenwart beziehungsweise schon der Vergangenheit an, vergleichbar mit der Blüte einer Pflanze.

Um zu einem ersten tieferen Verständnis der Hexagramme zu kommen, sollte man also mit den acht Trigrammen bestens vertraut sein. Hilfreich ist hier die genaue Charakterisierung jedes einzelnen Trigramms. Zunächst sei auf die so genannte Trigramm-Familie eingegangen, wie sie im schon zitierten Text »Besprechung der Zeichen« genannt und beschrieben wird. Sie wird deshalb angegeben, weil die »Geschlechtszuordnung« in den Texten zu den Hexagrammen immer wieder angedeutet wird und somit deren Kenntnis für die Interpretation von Bedeutung ist.

Qian	☰	Vater	Kun	☷	Mutter
Zhen	☳	ältester Sohn	Sun	☴	älteste Tochter
Kan	☵	mittlerer Sohn	Li	☲	mittlere Tochter
Gen	☶	jüngster Sohn	Dui	☱	jüngste Tochter

Dass gerade die Trigramme, in denen zwei Yin-Striche auftreten, als die Söhne und diejenigen mit zwei Yang-Strichen als die Töchter bezeichnet werden, wird so erklärt, dass die Strichart, die nur einmal auftritt, das gesamte Trigramm beherrscht. Das lässt sich auch nachvollziehen, indem man den Strichen Zahlen zuordnet. Die geraden Zahlen gelten als Yin-, die ungeraden als Yang-Zahlen. Zählt man zwei Yin-Zahlen und eine Yang-Zahl zusammen, so ist das Ergebnis eine Yang-Zahl, das heißt eine ungerade. Zwei Yang-Zahlen und eine Yin-Zahl ergeben eine Yin-Zahl. Also beispielsweise: 2 + 2 + 3 = 7 (ungerade = Yang), 2 + 3 + 3 = 8 (gerade = Yin). Diese Rechnung gilt auch für »Vater« und »Mutter«: 3 + 3 + 3 = 9 (ungerade = Yang), 2 + 2 + 2 = 6 (gerade = Yin).

Zu beachten ist ferner, dass »älter« oder »jünger« keinerlei Bewertung beinhaltet – es handelt sich sozusagen um sechs gleichberechtigte Geschwister.

Qian ═══════ Himmel

In diesem Trigramm, dem »Schöpferischen«, dem Himmel, zeigt sich eine große Kraft, die zielstrebig, klar und entschieden ist. Es ist als das reine Yang-Hexagramm dasjenige sowohl der Stärke als auch der Klarheit. Als oberes Trigramm in den Hexagrammen kann es unter Umständen eine zu große Macht nach außen bedeuten, die im Inneren, von unten her, keinen Rückhalt findet. Erscheint es als unteres Trigramm, so bedeutet es eine solide, starke Grundlage im Inneren. Seine Bewegungsrichtung zeigt aufwärts. Innerhalb der Trigramm-Familie ist es der Vater.

Die Wirkung des Himmels sei an zwei Hexagrammen kurz gezeigt:

Links steht *Der Streit* (6). Wir sind diesem Hexagramm schon begegnet (siehe S. 24). Es zeigt oben den starken und entschiedenen Himmel. Das bedeutet ein enormes Potenzial, das sich nach außen ausleben möchte. Unten, im Inneren, zeigt sich aber Gefahr im Abgründigen, dem Wasser. Damit ist schon der Widerstreit gegeben, denn eine nach außen gerichtete Macht, die über alle Gefahren hinweggehen möchte, verspricht kein gutes Ende. Es gilt hier also, sich auf die Gefahr einzulassen und so den Streit zu schlichten.

Rechts steht *Des Großen Zähmungskraft* (26). Diese Bezeichnung bedeutet, dass es das Große ist, das zähmt. Hier zeigt sich im Inneren eine große Kraft. Damit diese Kraft nicht überbordet, wird ihr vom oberen Berg, dem »Stillehalten«, Einhalt geboten – er gibt einen guten Rahmen, innerhalb dessen sich die Kraft und Entschlossenheit entfalten kann. Dieser Berg ist das Große, das zähmt – groß wird er deshalb genannt, weil er ein Yang-Trigramm ist.

Kun ═══ ═══ Erde

Das Trigramm ist als reines Yin-Trigramm empfangend, es gibt sich hin für alles, was da kommt. Als die Erde ist es das tragende Element, das auch offen und formbar ist. Diese Hingabe kann auch mitunter eine Gefahr bedeuten, dann nämlich, wenn sie mit ihrer ganzen Erdenschwere eine eigene Macht entwickelt. Deshalb tritt sie auch als ein Bild des »Heeres« auf: Soldaten tun entweder, was ihnen befohlen wird, ohne es zu hinterfragen, oder sie meutern herrenlos. Innerhalb der Trigramm-Familie ist dies die Mutter.

Anhand der folgenden zwei Hexagramme sei kurz die Wirkung der »Erde« erläutert:

Beide sind Umkehrungen voneinander. Links steht *Der Friede* (11) und rechts *Die Stockung* (12). Im *Frieden* wirkt der Himmel als Stärke und Klarheit von innen heraus. Er kann die Erdenschwere über sich gut tragen. Trotzdem bleibt die Situation labil. Das entspricht auch dem Wort »Friede«, denn Friede muss immer wieder von neuem geschaffen werden – ewiger Friede hingegen bedeutet Tod.

Eine ganz andere Situation zeigt die *Stockung*. Hier klaffen »Himmel« und »Erde« auseinander. Der Himmel außen lässt die Erde unten allein liegen, wodurch er sie nicht mehr befruchtet und sie auch nichts mehr nähren kann. Mit diesem Hexagramm wird also eine Ruheperiode angedeutet, bis sich wieder etwas Neues entwickeln kann.

Zhen  Donner

Dieses Trigramm mit dem Bild des Donners, der aus der Erde hervordröhnt, zeigt mit seinem einzigen, untersten Yang-Strich, der mit impulsiver Kraft nach oben stößt, ein starkes Öffnen zu neuer Tatkraft hin. Es geht nicht um eine formende, entschiedene Kraft, sondern um ein Aufbrechen. Vor allem als unteres Trigramm in den Hexagrammen kann es oft als kräftiger Same gedeutet werden, der in die Erde hineingelegt ist (der Yang-Strich unter den zwei Yin-Strichen). Erscheint es oben, so verweist es auf einen gewissen Abschluss nach innen. Innerhalb der Trigramm-Familie ist es der älteste Sohn.

Sehen wir uns wiederum zwei Hexagramme mit einem »Donner« an:

In *Des Großen Macht* (34) (links) zeigt sich ein ungeheures Potenzial: innen die Stärke des Himmels, die durch den Donner nach außen gepuscht wird. Darin zeigt sich auch eine große Problematik: Nicht alles lässt sich, auch wenn es eine noch so gute Sache ist, so einfach durchziehen. Man kann sich entweder verheddern oder man geht über die Köpfe hinweg.

In der *Ernährung* (27) auf der rechten Seite ist mit dem untersten Yang-Strich ein in die Erde gelegter Same angedeutet, der kraftvoll wachsen möchte. Damit er aber nicht alles überwuchert, werden ihm vom Berg oben Grenzen gesetzt.

Sun ≡≡≡≡ Wind, Baum

Mit dem Wind als Bild dieses Trigramms soll eine sanfte, aber eindringliche Bewegung gezeigt werden. Ebenso steht Sun im Zusammenhang mit jedwedem Wachstum. Deshalb wird es oft als Holz oder sprießender Baum aufgefasst. Damit ist es ein Bild für alles sich zwar scheinbar sanft, aber unerbittlich Entfaltende, für etwas, das wie der Wind, die Luft bis in die kleinste Ritze eindringt, oder wie der Baum, der nach unten fest verwurzelt ist und sich oben in alle Richtungen ausdehnt. Sowohl der Wind als auch der Baum sind Bilder für etwas Verbindendes zwischen Himmel und Erde. Damit verweist das Trigramm auf einen Ausgleich von innen und außen. Als unteres Trigramm neigt es dazu, zu sehr in innere Tiefen vorzudringen; steht es dagegen oben, so kommt seine verbindende Eigenschaft besser zum Tragen. Innerhalb der Trigramm-Familie ist es die älteste Tochter.

Nun zu zwei Hexagrammen mit einem »Wind«:

Dem *Entgegenkommen* (44) auf der linken Seite sind wir bereits begegnet (siehe S. 23). Mit dem untersten Yin-Strich zeigt sich etwas, das sich in der Tiefe einnistet. Es ist dasjenige, das »entgegenkommt«. Oben steht der Himmel, der sich mit seiner Kraft in Sicherheit wähnt. Doch auch der Wind oder Baum unten hat seine Stärke, die ganz andersartig ist. Da wächst und wuchert etwas klammheimlich, auf das man ein Auge haben sollte. Im Urteil steht: »Beim Entgegenkommen ist die Frau stark, man soll die Frau nicht heiraten.« Mit der Frau ist gerade das untere Trigramm gemeint. Würde man sie unbesehen »heiraten«, so könnten einen diese Kräfte aus dem Inneren übermannen und lähmen.

Rechts steht *Die Entwicklung* (53). Darin ist das Bild gegeben, dass auf dem Berg ein Baum wächst. Unten steht der Berg, der das Seinige unter sich bewahrt. Allmählich kann sich daraus etwas entwickeln, ein »Baum«, der weithin sichtbar wird.

Kan ═══ ═══ Wasser

Kan, das Wasser, zeigt im Zentrum Yang, innere Stärke, erscheint aber nach außen schwach und schwer. So hat es auch die Bedeutung des Willens, der sich aus dem tiefen Inneren heraus nach außen manifestiert. Das Wasser fließt immer an die tiefste Stelle, deshalb auch das Bild des Abgründigen. Hat es aber den tiefsten Grund gefunden, so fließt es wieder weiter. Oft steht es daher als ein Bild dafür, dass im Abgrund durch Gefahren und Hemmnisse hindurch sicherer Grund gefunden wird. Als Gegenbild ist es aber auch das belebende Wasser als Quell, als Brunnen, als fruchtbarer Regen. Erscheint es unten, so deutet es oft auf abgründige Tiefen hin, aus deren Überwindung neue Kräfte geschöpft werden können. Oben verweist es eher auf eine von außen drohende Gefahr, mit der wohl überlegt umgegangen werden muss. Innerhalb der Trigramm-Familie ist es der mittlere Sohn.

Sehen wir uns wiederum zwei Hexagramme mit einem »Wasser« an:

Im linken Hexagramm, der *Bedrängnis* (47), steht unten das Wasser und oben der See. Das Bild ergibt, dass der See ausgelaufen, also ohne Wasser ist. So wird das

»Heitere« (der See) zum traurigen Anblick. Diese Situation ist eine der schwerwiegendsten, die das I Ging aufzeigt. Es gilt hier, durch die Abgründe hindurch wieder zu Erfreulicherem zu kommen.

Auch das Hexagramm auf der rechten Seite stellt seine Anforderungen. Es ist *Das Hemmnis* (39). Hier steht das Wasser auf dem Berg. Was wird damit geschehen? Wird es als Sturzbach hinabrauschen? Jedenfalls kann sich der Berg, das Stillhalten, als nützlich erweisen, denn vor der Gefahr innezuhalten ist gut. Wird aber das Innehalten so weit getrieben, dass man sich nur hinter seinem Berg versteckt, kann die Gefahr nicht überwunden und damit keine neue Kraft geschöpft werden.

Li ⚊ ⚊ Feuer

Li, das Feuer, das sich stets nach oben bewegt, bedeutet zugleich auch das Helle, mit dessen Hilfe man alles klar sehen kann. Das Licht »haftet« an den Gegenständen, die es beleuchtet, das Feuer »haftet« an seinem Brennstoff. Es birgt die Gefahr, dass es zwar alles in klarem Licht zeigt, aber es nur beleuchtet und nicht durchleuchtet, das heißt am äußeren Schein haften bleibt und nicht »unter die Haut« geht. Es deutet auch auf den Geist des Menschen hin, der sich erst an der äußeren Wahrnehmung entzünden muss. Das Trigramm wird oft als das Yin inmitten des Yang bezeichnet, was auf eine innere Ruhe inmitten der äußeren Bewegung hinweist. Diese ruhende Mitte ist auch ein Bild für das Herz, das im Chinesischen als Zentrum sowohl der Gefühle wie auch des Bewusstseins aufgefasst wird. Als unteres Trigramm impliziert es ein »inneres Licht«, aus dem etwas gestaltet werden kann. Mit Li als oberem Trigramm geht es um eine äußere, gut überlegte Klarheit, um ein klares, offenes In-der-Welt-Sein. Innerhalb der Trigramm-Familie ist es die mittlere Tochter.

Hier zwei Hexagramme mit einem »Feuer«:

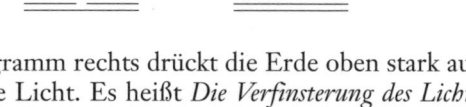

Im Hexagramm rechts drückt die Erde oben stark auf das innere Licht. Es heißt *Die Verfinsterung des Lichts* (36). Diese Situation bedeutet, dass außen wirre Unordnung herrscht, die bedrohlich wirkt. Demgegenüber kann man nur sein eigenes, inneres Licht wahren, bis bessere Zeiten kommen.

Eine ganz andere Situation zeigt das Hexagramm auf der rechten Seite mit dem Namen *Der Gegensatz* (38). Der Gegensatz besteht in dem klaren Licht oben und dem unteren Trigramm, dem Heiteren, das nichts von Klarheit wissen will, sondern Nähe und Unmittelbarkeit anstrebt. Beide können sich gut ergänzen, wenn sie das jeweils andere in seiner Eigenschaft belassen und sich nicht bekämpfen.

Gen ══ ══ Berg

Der Berg, Gen, wird dadurch charakterisiert, dass er etwas in sich bergen, unter Kontrolle halten, stillstehen kann. Der obere Yang-Strich ist mit seiner Stärke nach unten gerichtet und hält alles zusammen. Das Stillhalten kann unter Umständen auch lähmend wirken, dann nämlich, wenn sich vor einem unüberwindliche Berge auftürmen. Steht es in den Hexagrammen unten, so deutet es auf einen gewissen Abschluss gegen außen, auch eine Abgrenzung, einen Selbstschutz hin. Steht es oben, so bildet es außen einen guten Rahmen, der aber auch zu stark werden kann. Innerhalb der Trigramm-Familie ist es der jüngste Sohn.

Die beiden folgenden Hexagramme warten mit ganz unterschiedlich wirkenden »Bergen« auf:

In *Des Kleinen Übergewicht* (62) zeigen sich widerstrebende Kräfte: Der Berg unten ist bestrebt, bei sich zu bleiben, während der Donner auf und davon will. Es gilt, beide Kräfte gebührend einzusetzen, denn es geht, wie es zum Hexagramm heißt, um einen »Übergang«. Vor einem Übergang muss man sich wohl überlegen, wohin man sich wenden soll, also innehalten; dann aber muss man auch gehen. Der Name kommt daher, dass die Yin-Striche gegenüber den »Großen«, den Yang-Strichen, in der Überzahl sind; »klein« ist hier allerdings nicht als geringfügig zu bewerten.

Anders die Situation des rechtsseitigen Hexagramms *Die Zersplitterung* (23) – das Wort wird noch treffender mit »Zersetzung« wiedergegeben. Mit Mühe kann der Berg oben gerade noch all das Unstrukturierte unten zusammenhalten. Das bringt Zerfall mit sich, aus dem aber wieder etwas Neues gedeihen kann.

Dui ═══ ═══ See

Das Trigramm bedeutet das Heitere und die Freude, was man allgemeiner als emotionale Zuwendung auffassen kann. Indessen hat der »See« auch seine Tiefen, die gefährlich werden können. In ihm zeigt sich ein Öffnen gegen außen, zum Festen, Materiellen hin, während unten reines Yang als geistige Innerlichkeit ist und seelische Tiefen zeigt. Es ist ihm deshalb auch als Symbol eine Zauberin zugeordnet. Im Gegensatz zu Li, dem Hellen, das vor allem die Oberfläche klar zeigt, zeigt sich hier etwas viel Unmittelbareres, ein Unter-die-Haut-Gehen. Steht das Trigramm unten, so deutet es auf eine direkte Hinwendung nach außen. Erscheint es oben, so zeigt es eine gewisse Selbstgefälligkeit, die die Gefahr entweder der Verführung oder der Trägheit birgt. Innerhalb der Trigramm-Familie ist es die jüngste Tochter.

Hier noch zwei sehr ausgewogene Hexagramme mit einem »See«:

In beiden ist der See mit einem Berg vereint. Links, in der *Minderung* (41), setzt der Berg einer allzu großen Offen- und Ausgelassenheit des Sees Schranken. Umgekehrt mildert der See die Ernsthaftigkeit des Berges. In den so genannten Bildworten heißt es zu diesem Hexagramm entsprechend: »Der Edle schränkt seinen Groll ein und hält seine Triebe zurück.« Den »Edlen« kann man als denjenigen verstehen, der aus der gegebenen Situation das Beste macht. Minderung bedeutet demgemäß, jedes Übermaß zu mindern, sodass man in ein maßvolles Gleichgewicht kommt.

Auch das Hexagramm auf der linken Seite, *Die Einwirkung* (31), zeigt Ausgewogenheit, doch in einer ganz anderen Weise. Der Berg unten muss ausladend genug sein, damit der See auf ihm seinen gebührenden Platz hat. Ein gewisses Maß an Innehalten seitens des Berges ist gut, doch sollte er sich auch auf das Verführerische des Sees oben einlassen, solange er dabei seinen Halt nicht verliert.

Zieht man die oben beschriebenen Eigenschaften der »drei Söhne« und »drei Töchter« in Betracht, so wird die Geschlechtszuordnung verständlicher: So kann die impulsive Kraft des Donners von innen nach außen wohl als männlich aufgefasst werden, während das sanfte, kaum wahrnehmbare Eindringen des Windes oder Baumes nach allen Seiten eher weiblich anmutet. Ebenso erscheint das starke Innehalten und Abgrenzen des Berges eher als männlich, dagegen die unmittelbare Zuwendung des Sees eher als weiblich. Weniger eindeutig ist dies bei Kan und Li, denn beide zeigen nach außen hin (mit dem untersten und obersten Strich) das andere Geschlecht.

Dagegen ist im Wasser eine große Kraft verborgen, während sich im Feuer eine innere Ruhe zeigt, die nicht kraftvoll, aber klärend und zugleich nährend wirkt.

DIE DYNAMIK INNERHALB DER HEXAGRAMME

Kommen wir nun zum eigentlichen Korpus des I Ging, zu den Hexagrammen. Wir haben im Großen und Ganzen schon gesehen, wie sie sich aus zwei Trigrammen aufbauen. Nun wollen wir auch ihre feinere Struktur beleuchten, die man auch vielfach in den so genannten »Strich-Worten« bestätigt finden kann (bei Wilhelm »Die einzelnen Linien«).

AUFBAU UND STRUKTUR DER HEXAGRAMME

DIE KERNZEICHEN

Außer den beiden Teiltrigrammen bestimmen auch die »Kernzeichen« die Struktur der Hexagramme. Das sind die beiden Trigramme, die sich im Inneren der Hexagramme finden lassen. Das untere zeigt sich auf dem zweiten, dritten und vierten Platz, das obere auf dem dritten, vierten und fünften Platz. Sehen wir uns das einmal am konkreten Beispiel der *Minderung* (41) an:

—————	oberster Platz
—— ——	5. Platz
—— ——	4. Platz
—— ——	3. Platz
—————	2. Platz
—————	unterster Platz

Damit ist das untere Kernzeichen Zhen, der Donner:

—— ——	4. Platz
—— ——	3. Platz
————————	2. Platz

Das obere Kernzeichen ist Kun, die Erde:

—— ——	5. Platz
—— ——	4. Platz
—— ——	3. Platz

Diese Kernzeichen bringen unter sich und im Zusammenhang mit den beiden Trigrammen eine weitere Dynamik ins Hexagramm ein. Durch das untere Kernzeichen Zhen, den Donner, wird im vorliegenden Beispiel dem unteren Trigramm ein starker Impuls, sich nach außen zu wenden, gegeben. Es führt weiter in das obere Kernzeichen, das mit Kun, der Erde ein weites Feld markiert. Dieses Feld findet seine eindeutige Grenze im oberen Trigramm Gen, dem Berg.

ENTSPRECHUNGEN

Ebenfalls für das Verständnis der Struktur der Hexagramme von Bedeutung sind die so genannten »Entsprechungen«. Das bedeutet, dass sich je auf der gleichen Höhe des unteren und oberen Trigramms ein Yin- und ein Yang-Strich befindet oder umgekehrt. Konkret: Auf dem untersten Platz findet sich ein Yang-Strich und auf dem vierten (dem untersten Platz des oberen Hexagramms) ein Yin-Strich beziehungsweise umgekehrt, auf dem zweiten und fünften Platz oder auf dem dritten und obersten Platz finden sich unterschiedliche Striche. Durch eine oder gar zwei oder drei Entsprechungen erhält ein Hexagramm eine gewisse Ausgewogenheit. Es lohnt allerdings oft auch, »Nicht-Entsprechungen« näher anzusehen, das heißt zwei Yin- oder zwei Yang-Striche auf der gleichen Höhe des unteren und oberen Trigramms. Auch wenn sie sich nicht entsprechen, stehen sie doch in einer engeren Beziehung zueinander. Manche Worte zu den einzelnen Strichen können durch das Anschauen dieser Beziehungen klarer werden. Nachfolgend ein Beispiel:

————	oberster Platz	Yang-Strich
—— ——	5. Platz	Yin-Strich
————	4. Platz	Yang-Strich
—— ——	3. Platz	Yin-Strich
————	2. Platz	Yang-Strich
————	unterster Platz	Yang-Strich

In diesem Hexagramm, dem *Gegensatz* (38), entsprechen sich der zweite und der vierte (ein Yang- und ein Yin-Strich) sowie der dritte und der oberste Strich (ein Yin- und ein Yang-Strich). Wir werden weiter unten näher auf dieses Hexagramm eingehen und feststellen, wie vielsagend gerade hier das Prinzip des Entsprechens ist.

DIE PLÄTZE

Unter den »Plätzen« versteht man die Stellung eines Strichs innerhalb des Hexagramms. Sie haben stets Yin- oder Yang-Charakter. Dieser Charakter richtet sich nach der Zahl des Platzes. Da die ungeraden Zahlen als Yang- und die geraden als Yin-Zahlen gelten, sind der unterste (erste), dritte und fünfte Platz Yang-Plätze und der zweite, vierte und oberste (sechste) Yin-Plätze. Findet sich nun ein Yin-Strich auf einem Yin-Platz (auf einem »gebührenden« Platz), so verstärkt sich dadurch der Yin-Charakter. Dasselbe gilt für die Yang-Striche auf Yang-Plätzen.

Ein Yin-Strich auf einem Yang-Platz zeigt sich meist stärker, als er wirklich ist – er sitzt auf einem »nicht gebührenden« Platz. Das betrifft insbesondere einen Yin-Strich auf drittem Platz. Der dritte Platz befindet sich an der Grenze zum oberen, äußeren Trigramm. Von hier aus kann er eine übermäßig starke Dynamik entwickeln, die störend wirkt, weil sie ihm nicht gebührt. Ebenso kann ein Yang-Strich auf viertem Platz eine »ungebührliche« Schwäche zeigen oder wäre kraftvoller, wenn er die richtige Stellung dazu hätte.

Dieses Prinzip gilt nicht für die beiden Plätze in der Mitte der beiden Trigramme, das heißt für den zweiten und fünften, da diese Mitten als »Ehrenplätze« gelten. Damit kann ein Yin-Strich auf fünftem Platz eine beruhigende und ausgleichende Wirkung auf das ganze Hexagramm ausüben. Ein Yang-Strich auf zweitem Platz kann auf eine sich maßvoll äußernde innere Kraft verweisen.

Auch für die untersten und vor allem obersten Striche muss das Prinzip weiter differenziert werden. Ein Yin-Strich auf unterstem Platz kann eine gewisse Schwere anzeigen, die hinabzieht. Dagegen bedeutet ein Yang-Strich auf unterstem Platz meist einen guten, sicheren Boden. Ein Yang-Strich ganz oben hat manchmal die Tendenz, sich abzulösen, um im Alleingang in den Himmel zu wachsen, zeigt aber in anderen Fällen einen guten Abschluss nach oben. Demgegenüber bildet ein Yin-Strich auf oberstem Platz oft keinen eindeutigen Abschluss nach oben, obwohl er einen »gebührenden« Platz besetzt.

Zum besseren Verständnis seien nun all diese Prinzipien exemplarisch anhand eines ausgewählten Hexagramms angewendet.

DAS HEXAGRAMM *DER GEGENSATZ*

Sehen wir uns nun unter Berücksichtigung dieser Prinzipien das Hexagramm *Der Gegensatz* (38) konkret an:

Die Grundbedeutung des Hexagramm-Namens Kui
(»Gegensatz«) ist »schielen«, dann »jemanden von
der Seite anschauen«, »anstarren«, weiter »kleine Pu-
pillen«, was schon auf Misstrauen deutet, und
schließlich »(im Streit) die Augen voneinander abwenden«. Bei den Worten zum ersten, dritten und
sechsten Strich erscheint auch ein »Sehen«, und zwar
sieht man lauter missliche, schreckliche Dinge. Doch
der Blick trügt, beim genaueren Hinschauen sind sie
gar nicht mehr das, was sie schienen.

Damit ist die Grundbedeutung der Situation angedeutet: Gegensätze sind vorhanden, die zunächst
Misstrauen erwecken mögen. Ziel ist es aber, gerade
in den Gegensätzen eine gegenseitige Befruchtung als
Ergänzung zu suchen. Im Kommentar zum Urteil
wird dies so ausgedrückt (Wilhelm nennt diesen
Kommentar »Kommentar zur Entscheidung«):

> Himmel und Erde sind gegensätzlich, und doch ist
> ihr Wirken gemeinsam. Mann und Frau sind gegen-
> sätzlich, und doch durchdringt sich ihr Wille. Alle
> Wesen sind gegensätzlich, und doch führt ihr Wir-
> ken zu einer [Gesamt-]Ordnung.

Sehen wir uns zunächst genau an, aus welchen Trigrammen und Kernzeichen sich das Hexagramm zusammensetzt:

☵ Wasser	☲ Feuer	☱ See	☲ Feuer
oberes Kennzeichen	oberes Trigramm	unteres Trigramm	unteres Kennzeichen

Das obere Trigramm Li, das Feuer, weist auf eine äußere Klarheit hin. Es geht darum, ganz klar zu sehen,
was da von unten auf uns zukommt. Diese Tendenz,
alles klar sehen zu wollen, wird durch das untere, wie-
derholte Trigramm Li noch verstärkt: Es soll Licht
ins Innere gebracht werden. Um klar zu sehen, muss

man einen gewissen Abstand nehmen. Sehen kann man immer nur die Oberfläche, aber nicht unter die Haut. Dies ist aber gerade das Wesen des unteren Trigramms Dui, f Hier geht es um unmittelbare Berührung. Zwischen diesen beiden steht das obere Kernzeichen Kan, das Wasser, was darauf hinweist, dass der Weg zu einer Durchdringung dieses Gegensatzes nicht einfach ist und Gefahren in sich birgt.

All dies findet sich in den Worten zu den einzelnen Strichen (Wilhelm spricht von »Linien«) wieder. Ebenso können die Beziehungen sich entsprechender Striche sowie die Bedeutung der Plätze dadurch nachvollzogen werden. So steht zum untersten Strich geschrieben:

Du siehst einen bösen Menschen, daran ist kein Makel.
Kommentar: Wenn du einen bösen Menschen siehst, so vermeide Fehler (Makel).

Zunächst erscheinen diese Worte eher rätselhaft. Was kann Gutes daran sein, wenn man »einen bösen Menschen« sieht? Welche Fehler könnten gemacht werden? Es ist allerdings noch nicht klar, ob dieser Mensch wirklich böse ist, man sieht ihn nur als solchen – man kann sich täuschen. Falls er sich doch nicht als böse erweisen sollte, könnte es allerdings zu »Fehlern« kommen. Eine Aufklärung können die Worte zum vierten Strich geben, der diesem zwar nicht entspricht, aber doch zu ihm eine enge Beziehung hat. Dazu steht:

Im Gegensatz vereinsamt, begegnet er dem Mann am Grund. Der Kontakt ist wahrhaftig. Darin besteht Gefahr, aber kein Makel.[11]
Kommentar: Der Kontakt ist wahrhaftig und es besteht kein Makel, da sich der Wille durchsetzt.

Es liegt nahe, den »Mann am Grund« im untersten Yang-Strich zu sehen. Somit kann man sagen, dass der vierte Strich mit der Klarheit von Li (oberes Trigramm) dem starken Untergrund der Freude (unten, Dui) begegnet. Dies kann schon ein Wagnis sein, das Mut erfordert, daher die »Gefahr«. Aber diese Andersartigkeit – Licht inmitten der Gefahr (oberes Kernzeichen Kan) und Untergrund der Freude – kann sich im wahrhaften Kontakt gut ergänzen.

Damit der Kontakt von Wahrhaftigkeit gekennzeichnet ist, bedarf es einiger Überwindung. Das wird noch klarer, wenn man diesen vierten Strich als den »bösen Menschen« betrachtet, den der unterste »sieht«. Wenn es schon vom untersten Strich heißt, es sei kein Makel daran, dann kann dieser Mensch so böse nicht sein – das heißt, er mag zunächst aufgrund seiner Andersartigkeit böse erscheinen, ob er es aber wirklich ist, bleibt fraglich.

Gehen wir weiter zum zweiten und fünften Strich, die sich wirklich entsprechen. Auch dies kann anhand der Strich-Worte nachvollzogen werden. Zum zweiten Strich steht zu lesen:

Er begegnet seinem Herrn auf der Gasse, daran ist kein Makel.
Kommentar: Begegnet er seinem Herrn auf der Gasse, so hat er seinen Weg noch nicht verloren.

Die Gasse ist direkt vor dem Haus, also in der Nähe. Den »Herrn« kann man im fünften Yin-Strich sehen. Der fünfte Strich hat oft eine die Gesamtsituation beherrschende Stellung inne. Die Begegnung auf der Gasse deutet darauf hin, dass der fünfte Strich ihn nicht etwa in seinen Palast beruft, sondern sich ihm direkt zuwendet. Das entspricht der Offenheit des Yin-Strichs inmitten der Klarheit von Li, dem Feuer.

Über den fünften Strich liest man nun:

Reue schwindet. Der aus dem Klan beißt sich durch die Haut. Welcher Makel läge in seinem Hingehen! *Kommentar*: Wenn der aus dem Klan sich durch die Haut beißt, so wird sein Hingehen zum Segen.

»Der aus dem Klan« kann auf den zweiten Yang-Strich bezogen werden. Nach allgemeiner Auffassung gehört er als ein Yang-Strich dem »Yang-Klan« an, zusammen mit dem vierten und obersten Yang-Strich. Dass er »sich durch die Haut beißt« ist ein Hinweis auf das untere Trigramm Dui, das durch Direktheit und Unmittelbarkeit gekennzeichnet ist. Er tritt nicht nur in »Hautkontakt«, er geht sogar »unter die Haut«. »Hingehen« deutet stets auf eine Zuwendung aus dem unteren Trigramm zum oberen hin. Damit geht es hier um eine Erwiderung der Begegnung des »Herrn auf der Gasse«, um einen »Gegenbesuch« im Palast des Herrn.

Ziemlich dramatisch sind die Worte zum dritten und zum obersten Strich, die sich ebenfalls entsprechen. Zum dritten steht:

> Er sieht seinen Wagen [nach hinten] gezerrt und das [angespannte] Rind ihn voranziehen. Diesem Menschen (...) wird die Nase abgeschnitten. Darin liegt kein [guter] Anfang, aber ein [gutes] Ende.
> *Kommentar*: Er sieht seinen Wagen [nach hinten] gezerrt, weil der Platz nicht der gebührende ist. Darin liegt kein [guter] Anfang, aber ein [gutes] Ende, denn er begegnet einem Starken.

Dass er »einem Starken«, also einem Yang-Strich, begegnet, kann auf den obersten entsprechenden Strich bezogen werden. In einer guten Verbindung zu diesem liegt »ein gutes Ende«. Der nicht gute Anfang liegt darin, dass zwischen ihm und dem obersten Strich eine »Gefahr« (oberes Kernzeichen Kan, das Wasser) liegt. Er ist am Übergang von innen und außen als Yin-Strich eingeklemmt zwischen zwei Yang-Strichen. Durch den zweiten Strich »sieht« er sich »nach hinten gezerrt« und durch den vierten vorangezogen. Wie beim untersten Strich wird etwas »gesehen« – ob es allerdings auch den Tatsachen entspricht, sei dahingestellt. Da ihm die Nase abgeschnitten wird, wird allgemein interpretiert, dass er in rasende Wut gerät, denn dadurch wird sein »Riecher« ausgeschaltet. Er besetzt als Yin-Strich einen Yang-Platz, wodurch sein »ungebührliches« Verhalten zu erklären ist.

Zum obersten Strich heißt es:

> Im Gegensatz vereinsamt, sieht er ein Schwein, das mit Schmutz beladen ist, und einen mit Teufeln besetzten Wagen. Erst spannt er den Bogen danach, darauf legt er den Bogen hin. Wären da nicht Räuber, würde man [gleich] heiraten. Wenn beim Hingehen Regen fällt, dann kommt Heil.
> *Kommentar*: Das Heil des fallenden Regens bedeutet, dass alle die Zweifel schwinden.

Auch hier wird etwas »gesehen« – ist es aber wirklich so? Das Schwein kann bezogen werden auf Kan, das Wasser, das als oberes Kernzeichen zwischen diesen und den dritten Strich geschoben ist – das Schwein ist das Tier, welches Kan zugeordnet wird. Die Räuber können im zweiten und vierten Yang-Strich gesehen werden, die anscheinend den »rasenden« dritten nach hinten und nach vorn zerren. Dagegen möchte dieser oberste Strich mit der Zielgerichtetheit eines abgeschossenen Pfeils vorgehen. Entsprechend dem Charakter von Li wäre dies eine klare Sache. Dann verzichtet er aber darauf – vielleicht könnte die Situation ja auch gütlich gelöst werden, indem er sich dem wutentbrannten Dritten zuwendet: »Er legt den Bogen hin.«

Dadurch kann sich der Dritte beruhigen, er kann »hingehen«, das heißt sich dem Obersten zuwenden. Damit entspannt sich die Lage, der Regen fällt – die Gefahr, die als Kan, das Wasser, droht, wird überwunden. Dann können sich der dritte Yin- und dieser oberste Yang-Strich »verheiraten«, wodurch sich die feindlichen Gegensätze zu guten Ergänzungen umwandeln.

LESEN EINES HEXAGRAMMS

Um sich einem Hexagramm verstehend anzunähern, empfiehlt sich die folgende Vorgehensweise:

Man liest zunächst die kurze Charakterisierung, die einem der Text »Vermischte Zeichen« an die Hand gibt. »Zeichen« bezieht sich hier auf die Hexagramme. Im Original erscheinen diese Charakterisierungen zusammengefasst für alle Hexagramme in einem separaten Text, in dem sie gemäß einer anderen Reihenfolge aufgeführt werden – deshalb also »vermischt«, was so viel heißt wie anders gemischt. Sieht man sich diesen Text zusammen mit dem Namen des Hexagramms an, so ergibt dies schon einen ersten Gesamteindruck, worum es sich handelt.

Anschließend sieht man sich das Hexagramm genau an und untersucht, wie es mit seinen sechs Strichen und seinen beiden Teiltrigrammen, verbunden durch die Kernzeichen, aufgebaut ist. Der Zusammenhang, in dem das Hexagramm in der Reihenfolge steht, sagt oft ebenfalls viel aus. Die Reihenfolge, in der die Hexagramme angeordnet sind, ist äußerst sinnvoll, gleichsam ein natürliches Weiterfließen durch alle Umwandlungen hindurch. Als praktisch erweist es sich auch, die beiden vorangehenden und das nachfolgende Hexagramm zusammen mit den entsprechenden Texten der »Reihenfolge« zu betrachten.

Sodann können die Bildworte das Verständnis vertiefen; mit ihnen lässt sich bereits ein Gesamteindruck gewinnen. Dadurch wird meistens auch das Urteil zusammen mit seinem Kommentar verständlicher und erweitert die Sicht. Die Worte zu den einzelnen Strichen, die oft weitab von denjenigen zum Gesamthexagramm stehen können, erweitern das Bild nochmals; sie sollten auch in Bezug auf die Struktur des Hexagramms gesehen werden. Oft ergibt sich ein besseres Verständnis der Strich-Worte, wenn man nachsieht, zu welchem Hexagramm sie durch ihre Umwandlung führen. Man kann nun auch noch die Strich-Worte des entsprechenden Strichs im Wandlungshexagramm heranziehen.

Da es hier darum geht, sich den Hexagrammen verstehend anzunähern, werden alle Strich-Worte einbezogen. Anders ist dies bei einer Befragung des Buches, bei der nur die Strich-Worte zu den »Neunen« und den »Sechsen«, also den »sich wandelnden« Strichen, in Betracht gezogen werden.

VORGEHENSWEISE ZUM VERSTEHEN EINES HEXAGRAMMS

1. Name des Hexagramms und »Vermischte Zeichen«
2. Aufbau des Hexagramms (Striche – bei Wilhelm »Linien« –, Teiltrigramme, Kernzeichen)
3. Zusammenhang des Hexagramms in der Reihenfolge und Text »Die Reihenfolge«
4. »Das Bild« (Bildworte)
5. Urteil mit Kommentar (Wilhelm: »Kommentar zur Entscheidung«)
6. Die Worte zu den einzelnen Strichen mit Kommentaren (Wilhelm: »Die einzelnen Linien«) und Wandlungshexagramme

---

DAS HEXAGRAMM *DIE ANFANGS-SCHWIERIGKEIT*

Anhand des Hexagramms Die *Anfangsschwierigkeit* (3) sei nun im Folgenden die beschriebene Vorgehensweise Schritt für Schritt demonstriert.

NAME DES HEXAGRAMMS UND »VERMISCHTE ZEICHEN«

Das Schriftzeichen für *zhun* (Anfangsschwierigkeit) zeigt das Bild eines Sprosses, der emporwächst, aber oben gehemmt wird. Es geht also um etwas, das sich entfalten möchte, aber auf Widerstände stößt. Die Gesamtcharakterisierung in »Vermischte Zeichen« lautet:

> Bei der Anfangsschwierigkeit wird etwas sichtbar,
> aber man hat noch nicht sein Verbleiben verloren.

Aller Anfang ist schwer – da ist es wohl gut, wenn man sich nicht gleich in das Angefangene hineinstürzt, sondern vom sicheren Ort aus genau hinschaut, was da sichtbar wird. Oder umgekehrt gesehen: Man lehnt sich nur so weit vor, dass man noch nicht den sicheren Halt verliert.

AUFBAU DES HEXAGRAMMS

Hier zunächst das Hexagramm mit den Kernzeichen:

oberes Kennzeichen

Gen, der Berg

unteres Kennzeichen

Kun, die Erde

Das deutsche Wort stimmt mit den beiden Trigrammen überein: Zhen, der Donner unten, gleichsam ein kräftiger, in die Erde gelegter Keim, macht einen Anfang, während Kan, das Wasser, das Abgründige, sich ihm als die Schwierigkeit entgegenstellt. Sieht man das Wasser als Wolken, wie sich auch die Bildworte ausdrücken, so heißt es auf alles gefasst sein: Entladen sich die Wolken in Gestalt eines erfrischenden Nieselregens, ist alles gut; doch sie könnten ebenso auch Hagelschlag hervorbringen. Gen, der Berg, als oberes Kernzeichen hält einerseits die Erde unter sich zusammen und steht zugleich als eine Warnung vor der Gefahr. Wirkt dieser Berg zu stark, so kann er zum Hemmnis werden. Dieses Hemmnis muss vorsichtig beseitigt werden.

ZUSAMMENHANG DES HEXAGRAMMS IN DER REIHENFOLGE UND TEXT »DIE REIHENFOLGE«

Hier zunächst eine Reihe von vier Hexagrammen, in deren Zusammenhang das Hexagramm steht, sowie den dazugehörigen Text:

1.	2.	3.	4.
Himmel	Erde	Wasser	Berg
Himmel	Erde	Donner	Wasser
Das Schöpferische	Das Empfangende	Anfangsschwierigkeit	Jugendtorheit

> Nachdem Himmel und Erde da sind, entstehen alle Wesen. Was den Raum zwischen Himmel und Erde füllt, sind eben alle Wesen. Darum folgt auf das *Schöpferische* (1) und das *Empfangende* (2) die *Anfangsschwierigkeit* (3). Anfangsschwierigkeit bedeutet Füllen. Unter Anfangsschwierigkeit beginnen also die Wesen hervorzukommen. Sind die Wesen erst hervorgekommen, so sind sie gewiss *unerfahren*. Darum folgt darauf die *Jugendtorheit* (4). *Jugendtorheit* heißt unerfahren zu sein, es ist der Jugendzustand der Wesen.

Wenn Himmel und Erde einmal da sind, dann sollen alle Wesen zwischen ihnen durch ihre Vereinigung entstehen. So kommt im Bilde der Keim, »vom Himmel in die Erde eingepflanzt«, nur zögernd hervor. Sind nun einmal diese Anfangsschwierigkeiten überwunden, so folgt darauf Wachstum und Bildung in der *Jugendtorheit*. In diesem Hexagramm ist das Wasser unten und darüber der Berg. Damit ist das Bild eines Quells gegeben, der aus dem Berg hervorsprudelt. Der Berg gibt ihm mit seiner Topografie seinen Verlauf an. Indessen hat der Bach bis hin zum Meer noch einen langen, ungewissen Weg vor sich.

»DAS BILD« (BILDWORTE)

In den Bildworten, die Wilhelm wörtlich mit »Das Bild« übersetzt, werden zuerst stets bestimmte Aspekte der beiden Teiltrigramme genannt; dann wird meist vom Edlen gesprochen – manchmal steht auch ein anderer Ausdruck wie »die frühen Könige« –, wie er sich in dieser Situation verhält. Unter dem »Edlen« kann derjenige verstanden werden, der das Bestmögliche tut. Hier der Text:

Wolken und Donner: die Anfangsschwierigkeit.
Demgemäß ordnet der Edle.

»Ordnen« heißt wörtlich: »Kettfäden [aufspannen] und Seidenfäden [einwirken].« *Jing* (Kettfäden) ist dasselbe Wort wie für »klassisches Buch« (vgl. Yi *Jing* [I Ging], Tao Te *Jing* etc.). »Kettfäden« sind demnach die großen Richtlinien, auf die sich das Leben einweben lässt. Dass darauf nicht beliebige Hanfstricke, sondern feine Seidenfäden gewoben werden, ist das Anliegen des »Edlen«. Beim umgekehrten Hexagramm *Die Befreiung* (40) (unten Kan und oben Zhen) heißt es: »Donner und Regen *wirken,*« hier aber nur »Wolken und Donner«. Hier ist also noch nichts geschehen, dort ist der Gewitterregen schon vorbei.

URTEIL MIT KOMMENTAR (»KOMMENTAR ZUR ENTSCHEIDUNG«)

Die so genannten »Hexagramm-Worte« – Wilhelm übersetzt »Das Urteil« – bilden zusammen mit den Worten zu den einzelnen Strichen das älteste Textkorpus. Später – vielleicht im 4. oder 3. vorchristlichen Jahrhundert – wurde ein kommentierender und erweiternder Text hinzugefügt, den Wilhelm »Kommentar zur Entscheidung« betitelt. Wir geben hier beide Texte wieder:

Die Anfangsschwierigkeit bewirkt durch Erhabenheit Gelingen. Fördernd ist Beharrlichkeit. Nutze nicht [gleich] deine Möglichkeit voranzukommen. Fördernd ist es, Gehilfen einzusetzen.

Kommentar: In der Anfangsschwierigkeit kommunizieren das Feste und das Weiche erstmals, und es treten Schwierigkeiten auf: Bewegung inmitten der Gefahr. Großes Gelingen kommt durch Beharrlichkeit. Von der Bewegung des Donners und Regens wird alles erfüllt. Das vom Himmel Geschaffene ist wirr und dunkel, daher ist es günstig, Gehilfen einzusetzen, ohne sich dann schon in Ruhe zu wiegen.

»Gehilfen« bedeutet wörtlich »Vasallen« – es handelt sich also um Gehilfen, über die man sich als Herrscher stellt. Der »Herrscher« ist der Yang-Strich, der sich ganz unten »unters Volk« (zweiter und dritter Strich) gestellt hat. Diese starke Kraft von innen hätte die Möglichkeit, im Alleingang vorzupreschen, aber das wäre nur impulsiv und unüberlegt, daher auch nicht »ordnend« (vgl. die Bildworte). Dadurch würde nicht auf das geschaut, was da sichtbar wird, und darin könnten Gefahren liegen (vgl. Gesamtcharakter). Das, was ein solch tollkühnes Handeln verhindert, ist das obere Kernzeichen Gen, das die Bewegung zurückhält.

Das Feste und das Weiche bedeuten Himmel und Erde (das Schöpferische und das Empfangende). Im Text »Besprechung der Zeichen« steht in Kapitel 10: »Beim Erregenden (Zhen) suchen sie (der Himmel als Vater und die Erde als Mutter) einander zum erstenmal und bekommen einen Sohn. Darum heißt das Erregende der älteste Sohn.« Damit bezieht sich der erste Satzteil auf das untere Trigramm Zhen. »Schwierigkeiten« deutet auf das obere Trigramm Kan (Wasser, Gefahr). Damit gibt auch die Übersetzung »Anfangsschwierigkeit« sehr präzise den Sinn des Hexagramms wieder: Zhen ist der Anfang, Kan die Schwierigkeit, die sich dem Anfangen in den Weg stellt. Der letzte Satz ist wohl ein Hinweis darauf, dass es mein eigenes Anfangen ist und bleibt, das ich nicht leichtsinnig aus den Händen geben soll.

»Das vom Himmel Geschaffene« bezeichnet das, was von Anfang an gegeben ist, die Lage, wie sie nun einmal ist. Sobald ich etwas anfange, sind da auch schon Gefahrenmomente: Kann ich das wirklich, was ich da will? Ich muss erst sehen, wie und wo sich ein Abgrund auftut und wie ich darüber hinwegkommen kann. »Wirr« bedeutet wörtlich »Gras«, alles ist zunächst also noch kraus wie wilde Grasbüschel. Diese Wirrnis soll sorgfältig entwirrt werden, und dann muss man noch lange hinsehen, wozu sich das Ganze entfaltet. Deshalb kann man sich auch nach dem »Einsetzen der Gehilfen« noch nicht ruhig hinsetzen.

DIE WORTE ZU DEN EINZELNEN STRICHEN MIT KOMMENTAREN UND WANDLUNGSHEXAGRAMME

Zu jedem der sechs Striche (bei Wilhelm »Linien«) werden kurze bildhafte Worte gebracht, die den Strich im gesamten Hexagramm charakterisieren. Diese Sätze gehören wie auch das Urteil der ältesten Textschicht an. Dazu wurden später knappe Kommentare geschaffen (Wilhelm bezeichnet sie mit »b)«, »a)« bezieht sich auf die Strich-Worte selbst). Wir bringen im Folgenden beide Texte zusammen.

Zum untersten Strich steht zu lesen:

> Gehemmt kommt er nicht voran. Fördernd ist es, beharrlich zu bleiben. Fördernd ist es, Gehilfen einzusetzen.
> *Kommentar*: Obwohl er gehemmt ist und nicht vorankommt, ist er willens, das Rechte durchzuführen. Als Vornehmer stellt er sich unter die Geringen und gewinnt damit völlig das Volk.

»Gehemmt nicht vorankommen« ist von dieser Stelle als idiomatischer Ausdruck in den Sprachgebrauch eingegangen. Wörtlich bedeutet diese Redewendung: »Felsbrocken [über] einem weidenartigen Baum«. Damit sind zwei gegenläufige Bewegungen gezeigt: Zhen, der Donner (unteres Trigramm), will nach oben – wie der aufwachsende Baum; das obere Kernzeichen, Gen, der Berg hemmt diese Wachstumsbewegung, symbolisiert durch den Felsbrocken. Aber die Aufbruchsbewegung wird dieses Hemmnis überwinden, denn er ist trotzdem »willens, das Rechte durchzuführen«, wie der Kommentar sagt.

Gerade durch das Hemmnis wird der Anfang ein überlegter. »Vornehm« bezieht sich auf den Yang-Strich, der unter den Yin-Strichen, den »Geringen«, steht.[12] Wandelt sich dieser Strich in einen Yin-Strich um, so entsteht *Das Zusammenhalten* (8). Dort ist dann unten Kun, die Erde, mit drei Yin-Strichen. Es bleibt nur noch ein einziger Yang-Strich auf dem fünften Platz, der alle Aktivität bündelt und die fünf aufnahmebereiten, offenen Yin-Striche zusammenhalten soll. Zu diesem Hexagramm wird das Bild von Wasser gegeben, das auf der Erde zusammenfließt.

Kommen wir zum zweiten Strich:

> Gehemmt und aufgehalten, reitet sie auf dem Pferd und wird zurückgehalten. Wäre da nicht ein Räuber, so würde er [gleich] heiraten, doch die Frau bleibt beharrlich und verspricht sich nicht. Erst in zehn Jahren verspricht sie sich.
> *Kommentar*: Die Schwierigkeit der Sechs auf zweitem Platz besteht darin, dass sie auf einem Festen reitet. Dass sie sich erst in zehn Jahren verspricht, bedeutet, dass sie sich zum Rechtmäßigen umwendet.

Sowohl das Pferd als auch der Räuber können im untersten Yang-Strich gesehen werden. Das hemmende Element ist der einschränkende Berg (oberes Kernzeichen). Dem zweiten Strich (der Frau) gebührt als »Gatte« der fünfte Yang-Strich, dem jener entspricht.

Dieses Zentrum im Inneren soll sich mit der äußeren Gefahr verbinden, aber nicht sogleich, sondern nach langem Abwägen. Würde es sich mit der Anfangsneun verbinden, dem »Räuber«, so käme die Bewegung nie heraus; das kann auf einen Menschen übertragen heißen, dass er seine Kräfte nur im Inneren bei sich behält, vielleicht noch große Worte macht, aber nie zur »großen Tat« übergeht – es sei denn, er gäbe sich zur tollkühnen Tat her, was bedeuten würde, die »Gefahr« nicht zu beachten.

Die Zahl Zehn wird entweder interpretiert als 2×5 (zweiter und fünfter Platz, zweimal die Mitte, deren Zahl die Fünf ist) oder die Zehn als die Zahl einer vollen Periode. Die Wandlung führt zur *Beschränkung* (60), was auch mit »Rhythmisierung« übersetzt werden kann. Das ist also das Finden des rechten Rhythmus und das Zusammenbringen dessen, was zusammengehört. Das Gesamtbild zeigt oben Wasser und unten den See. Das Wasser fließt in den See, der ein eindeutiges Ufer aufweist. So gilt es, darauf zu achten, dass weder zu viel noch zu wenig Wasser einfließt, damit der See weder überschwappt noch sich absenkt.

Zum dritten Strich steht:

> Wer den Bergfuß verfolgt ohne Förster, der gerät nur in den Wald hinein. Der Edle [erkennt] die richtige Zeit und verzichtet lieber. Vorangehen bringt Beschämung.
> *Kommentar*: Er verfolgt den Bergfuß ohne Förster, um dem Wild nachzufolgen. Darauf verzichtet der Edle lieber. Vorangehen bringt Beschämung, was zu Misserfolg führt.

Eigentlich steht hier »Hirsch«, doch dasselbe Schriftzeichen wurde auch für »Bergfuß« verwendet – eigentlich bedarf es dazu einer Hinzufügung zum Schriftzeichen für »Hirsch«. Daher gibt es dann auch eine doppelte Interpretation: »Am Bergfuß (wo der Wald ist) den Hirschen jagen.« Vom »Hirschen« zu sprechen verträgt sich allerdings nicht ganz mit dem Kommentar, denn darin steht nur allgemein »Wild«. Der Bergfuß ergibt sich aus dem oberen Kernzeichen Gen, dem Berg, das Voranwollen aus dem unteren Trigramm Zhen und zudem aus seinem Yang-Platz. Doch ist der Strich schwach und hat oben keine Entsprechung, denn zuoberst steht wieder ein Yin-Strich.

Daher ist auch anzunehmen, dass es gar keinen Förster gibt, der den Weg weisen könnte. Also lässt man das Ganze besser. Außerdem droht oben auch Gefahr (oberes Trigramm Kan). Durch die Wandlung kommt man zu *Nach der Vollendung* (63), was man hier auch als Vollendung des Misserfolgs deuten kann.

Die Sätze zum vierten Strich lauten:

Sie reitet auf dem Pferd und wird zurückgehalten.[13]
Er sucht nach ihr, um sie zu freien. Hingehen
bringt Heil, alles ist fördernd.
Kommentar: Nach ihr suchen und dann hingehen,
das ist Klarheit.

Angesprochen wird hier vor allem die Beziehung zum untersten Strich. Dieser vierte Strich gehört schon dem oberen Trigramm Kan, der Gefahr an. Die starke Kraft von innen hat nun genau hingesehen, was da draußen vorgeht, deshalb kann die Verbindung jetzt auch mit einiger Sicherheit zum Durchbruch im angefangenen Unternehmen werden: »Alles ist fördernd.« Auf den untersten Strich bezieht sich das »Hingehen«: Es hat stets die Bedeutung des sich von innen, unten, nach außen, oben, Hinwendens. Die Wandlung führt zur *Nachfolge* (17). Da kann »der Donner inmitten des Sees« seine Ruhe und Erholung finden (Bildworte), um darauf kraftvoll dem »Heiteren« (oben steht nun Dui, der See) nachzufolgen.

Zum fünften Strich steht:

> Das Spenden ist erschwert. Bei Kleinem bringt Beharrlichkeit Heil, bei Großem bringt Beharrlichkeit Unheil.
> *Kommentar*: Das Spenden ist erschwert, denn die Wohltat kommt noch nicht ans Licht.

»Spenden« ist im Sinne von großzügigem Geben zu verstehen. Wörtlich steht »Fett«; »erschwert« ist dasselbe Wort wie der Hexagramm-Name »Anfangsschwierigkeit«. Der Strich ist die starke Mitte des Abgründigen oder auch der Grund im Abgrund. An sich hat er die Stellung des äußeren Herrschers inne (fünfter Platz), aber die Bewegung geht von innen aus, wodurch er in Rivalität mit der Anfangsneun steht. Hinzu kommt, dass er der oberste starke Strich des Kernzeichens Gen ist und dadurch die Tendenz zum Zurückhalten hat. Dieser Strich ist Hinweis auf die Geduld, die erforderlich ist, um etwas Angefangenes auch zu einem guten Ende zu bringen. Die »Wohltat«, die in diesem noch nicht Ergründeten liegt, muss erst noch »ans Licht« gebracht werden. Dies sollte von der geduldigen Sechs auf zweitem Platz, die »sich erst in zehn Jahren verspricht«, ausgehen – zweiter und fünfter Strich entsprechen sich. Die Wandlung führt zur *Wiederkehr* (24), in der es darum geht, zu sich selbst, zu den eigenen Wurzeln zurückzukehren. In diesem Hexagramm ist nach oben hin alles offen, es gibt weder Hemmnis noch Gefahr (fünf Yin-Striche über einem Yang-Strich).

Nun zum obersten Strich:

> Sie reitet auf dem Pferd und wird zurückgehalten. Blutige Tränen fließen.
> *Kommentar*: Blutige Tränen fließen, wie dürfte das lange andauern!

Der Strich ist völlig einsam und verlassen, weshalb sich in ihm alles Üble von Kan, dem Abgründigen, auswirkt. Er möchte die Schwierigkeiten hinter sich lassen, doch reitet er auf dem fünften Yang-Strich, dem Pferd, das ihn als oberster Strich des Kernzeichens Gen, des Berges zurückhält. Als Yin-Strich entspricht er nicht dem dritten, dem er dienend beistehen könnte – als der »Förster«. In den »blutigen Tränen« kann etwas wesentlich Hemmendes gesehen werden: Wird Blut genannt, geht es stets um etwas Existenzielles. Es gilt, rasch darüber hinauszukommen, dann kann es auch zu der sehr ausgewogenen und zugleich dynamischen Situation der *Mehrung* (42) führen. Hier wird der innere starke Impuls des Donners nach außen durch den Wind verbreitet (oben Sun, der Wind).

DIE I-GING-BEFRAGUNG

Das I Ging zeigt nicht nur ein komplexes System, mit dem es die ganze Welt in sich begreifen will, sondern bietet sich auch als Gesprächspartner an, den man in entscheidenden Lebensfragen zu Rate ziehen kann. Im zweiten Kapitel wurden schon einige I-Ging-Antworten angesprochen. Wie dort bereits gesehen, geht es bei diesen Antworten um »Keime«, die in der Gegenwart schon vorhanden sind. Auf diese soll aufmerksam gemacht werden. Insofern beansprucht das Buch also niemals, die Zukunft vorauszusagen, sondern nur die schon angelegten Tendenzen zu offenbaren. Diese Möglichkeit der Befragung ist auch im Westen auf großes Interesse gestoßen. Die Antworten, die das I Ging zu den verschiedensten Fragen bereithält, sind in der Tat sehr eindrucksvoll.

Wie es dazu kommt, dass man durch Auslegung und Auszählung von fünfzig Stäbchen oder auch durch das Werfen von drei Münzen zu meist überaus sinnvollen Sprüchen gelangt, bleibt für den Verstand völlig rätselhaft. Man kann es als reinen Zufall betrachten, doch damit ist auch nichts ausgesagt, denn inwiefern ist das, was einem »zufällt«, schon zufällig? Springt das Leben beliebig mit uns um? Würde es das tun, so müsste es uns sinnlos erscheinen und hätte uns bald überwältigt. Wie ich in vielen Beratungen erlebt habe, sind viele Menschen oft überrascht und erstaunt über die Antworten, ja, es ist ihnen, als könnten sie nichts mehr verbergen, weil die Worte des I Ging schon alles preisgeben.

ANREGUNGEN ZUM UMGANG MIT DEN ANTWORTEN

Schlägt man das Hexagramm, das man ausgelegt hat, mit seiner Wandlung nach, so erschließen sich manche der urtümlichen, bildhaften Sprüche unmittelbar; zu ihnen ist nichts weiter zu bemerken, da sie so klar sind. Andere wieder werden einem zunächst gar nichts sagen, und so lässt man sie eben ruhen. Wie oft ist es mir schon passiert, dass ich in irgendeinem Augenblick – etwa im Gedränge in der Straßenbahn –, in dem ich mich gar nicht besonders damit beschäftigt hatte, plötzlich ein Bild als völlig klar und zutreffend erkannte.

Selten sagen einem Bilder überhaupt nichts – dann treffen sie offenbar nicht zu. Öfter kommt es auch vor, dass man sie nicht verstehen will, weil sie einem unangenehm sind. Aus diesem Grund ist es immer gut, wenn man auch einen anderen Menschen die Antwort wissen lässt und mit ihm darüber spricht – nicht unbedingt mit einem sehr nahe stehenden Menschen, aber doch mit einem, dem man sein Vertrauen schenken kann. Mehrmals kam es in meinen I-Ging-Gruppen schon vor, dass jemand eine Befragung mitgebracht hatte und sagte, die Antworten würden ihm überhaupt nichts sagen. Darauf ging ein Schmunzeln durch die Runde, denn den meisten anderen waren die Antworten völlig klar. In Fragen zum eigenen Leben ist man eben oft befangen, weil man ja mittendrin steckt.

Obwohl die ausgelegten Hexagramme und ihre »Wandlungen« hinsichtlich der erfragten Situation am Ende nur intuitiv erfasst werden können, ist es doch hilfreich, ja, eine Voraussetzung dazu, Aufbau und Struktur der Hexagramme zu kennen. Oft kann sich schon dadurch der Sinn mancher Sätze erschließen, wie bereits gezeigt. Wichtig ist, dass an diesen Strukturen nicht starr festgehalten wird. Man sollte

sie lediglich als ein Hilfsmittel auffassen, das die Annäherung an den Sinn erleichtert, und sie nicht zum
Selbstzweck werden lassen. Das I Ging will ein Abbild
des Lebens sein, entsprechend kann man es auch nur
als lebendiges, niemals als starres System auffassen.
Wang Bi (226–249), dessen I-Ging-Kommentar zu
den angesehensten gehört, sagt über das Buch:

> Die Bilder gehen aus den Ideen hervor. Die Worte
> machen die Bilder klar. Um die Ideen vollständig
> auszudrücken, gibt es nichts Besseres als die Bilder.
> Um die Bilder vollständig auszudrücken, gibt es
> nichts Besseres als die Worte. Die Worte sind auf-
> grund der Bilder entstanden. Daher kann man die
> Bilder schauen, indem man die Worte untersucht.
> Die Bilder werden von den Ideen beherrscht. Daher
> kann man die Ideen schauen, indem man die Bilder
> untersucht. Die Ideen werden durch die Bilder voll-
> ständig erfasst und die Bilder durch die Worte klar
> gemacht. Daher haben die Worte den Zweck, die
> Bilder zu erklären; hat man die Bilder erfasst, so
> vergisst man die Worte. Die Bilder haben den
> Zweck, die Ideen zu erkunden; hat man die Ideen
> erfasst, so vergisst man die Bilder. Ebenso hat das
> Verfolgen der Spur eines Hasen den Zweck, seiner
> habhaft zu werden. Hat man ihn gefasst, so vergisst
> man die Spur. Die Fischreuse hat den Zweck, der
> Fische habhaft zu werden. Hat man sie gefasst, so
> vergisst man die Reuse. Nun denn, so sind die Wor-
> te die Spur zu den Bildern. Die Bilder sind die Reu-
> se für die Ideen. Wer daher bei den Worten stehen
> bleibt, wird nicht die Bilder erfassen, und wer bei
> den Bildern stehen bleibt, wird nicht die Ideen er-
> fassen.[14]

Es geht also zuletzt um das Erfassen der Idee, des
Sinns, der hinter den Worten und den gegebenen Bildern steht, ob es sich nun um Bock, Schwein, Schild-
krötenpanzer oder um eine abgeschnittene Nase handelt.

Ob es uns im Zusammenhang mit einer Befragung gelingt, die Ideen zu erfassen, hängt auch von der gestellten Frage ab. Die Frage muss sich immer auf Umstände, auf eine Situation beziehen, beispielsweise: »Was wird geschehen, wenn ich diese neue Arbeitsstelle annehme?« oder »Wohin könnte es führen, wenn ich hier meine Zelte abbreche und nach Australien auswandere?« Entweder-oder-Fragen oder solche, die sich mit Ja oder Nein beantworten lassen, sind nicht geeignet, weil das I Ging situativ antwortet. Solche Alternativfragen kann man umgehen, indem man zwei Fragen stellt, so etwa »Wie ist es, wenn ich nach Australien auswandere?« und »Wie ist es, wenn ich hier bleibe?«. Dann können die beiden Antworten gegeneinander abgewogen werden.

Das Wichtigste ist, dass mir die Frage etwas bedeutet. Das heißt auch, dass ich immer hinsehen muss, um was es mir wirklich geht. Man kann beispielsweise fragen, wie das Wetter morgen sein wird. Mit großer Sicherheit wird das I Ging darauf keine sinnvolle Antwort geben. Möglicherweise wird es aber sinnvolle Hinweise zu dem geben, was ich morgen vorhabe. Falls ich mit vollem Ernst nach dem Wetter von morgen frage, muss das eng mit einem Vorhaben verknüpft sein, sodass die eigentliche Frage dieses Vorhaben und nicht das Wetter betrifft. Ich habe schon öfter erlebt, dass sich Antworten ergaben, die nur am Rande die gestellte Frage betrafen – natürlich waren die Fragen nicht so offensichtlich unangemessen. Da kann es etwa geschehen, dass jemand nach seinem Sommerurlaub fragt, und die Antwort betrifft die Beziehung zu seiner Freundin, mit der er zusammen diesen Urlaub verbringen will. In solchen Fällen kann einen das I Ging zum Wesentlichen hinführen.

Im vorangegangenen Kapitel wurde schon eine mögliche Annäherung an die Hexagramme angegeben, worauf hier nochmals unter dem Aspekt der Befragung eingegangen sei. In ihrer Grundstruktur bestehen die Hexagramme aus einem unteren und oberen Trigramm, die stets auch als ein inneres und ein äußeres aufgefasst werden.

Je nach Frage und je nach Hexagramm kann dieses »Innen« und »Außen« unterschiedlich bewertet werden. Vor allem, wenn es sich um die allgemeine Frage meiner momentanen Lebenssituation handelt, kann tendenziell das untere, innere Trigramm als Hinweis auf unser ganz persönliches Innenleben, das wir kaum nach außen hin zeigen und das uns unter Umständen selbst gar nicht recht bewusst ist, gewertet werden. Das obere, äußere Trigramm als sichtbares Trigramm kann dann als unser nach außen getragenes, auch bewusst geführtes Leben gesehen werden. Das ist vergleichbar mit einer Pflanze, deren Stiel, Blätter und Blüten ja sichtbar sind, deren Wurzeln aber unter dem Boden verborgen bleiben. Bei anderen Fragen, beispielsweise bei solchen, in denen es um die Beziehung zu anderen Menschen geht, können wir, wiederum je nach Hexagramm, uns selbst im unteren und den anderen Menschen im oberen Trigramm sehen.

Eine Verbindung zwischen innen und außen schaffen einerseits die beiden Kernzeichen, andererseits die Entsprechungenbeziehungsweise Nicht-Entsprechungen (die Striche je auf gleicher Höher der beiden Trigramme). Wir haben diese Beziehungen bereits deutlich am Beispiel des Hexagramms *Der Gegensatz* (38) herausgearbeitet.

Einige Bedeutung kommt ferner den »Plätzen« zu. Auch sie sind gemäß Yin und Yang in schwache und starke Plätze aufgeteilt. Yang- oder starke Plätze sind der unterste (erste), dritte und fünfte, Yin- beziehungsweise schwache Plätze der zweite, vierte und oberste (sechste) – gemäß dem Prinzip, dass ungerade Zahlen als Yang, gerade als Yin gelten. Dadurch erscheinen in etlichen Hexagrammen Yin-Striche auf Yang-Plätzen über ihre eigentliche Kraft hinaus als stark, insbesondere, wenn es sich um den dritten handelt. Der umgekehrte Fall kommt besonders bei Yang-Strichen auf viertem Platz vor. Es wird dann gesagt, der Platz sei nicht der »gebührende«.

Die mittleren Striche der beiden Trigramme nehmen durch ihre zentrale Stellung eine führende Rolle ein. Dadurch, dass der zentrale des unteren Trigramms (zweiter Strich) einen Yin-Platz hat und der zentrale des oberen (fünfter Strich) einen Yang-Platz, ist etwas sehr Weises angedeutet. Das innere, verborgene Leben, das auch das äußere nährt, wird vom »schwachen«, ruhigen Yin beherrscht und das äußere, sichtbare vom »starken«, bewegten Yang. Um stark nach außen zu wirken, bedarf es aber der inneren »Nahrung«, sonst sind die Kräfte rasch verpufft. Dieses Prinzip wird in der taoistischen Spruchsammlung *Tao te king* so angesprochen:

> Wenn der Mensch geboren wird, ist er zart und schwach, wenn er stirbt, ist er hart und stark. Wenn die Pflanzen ins Leben treten, sind sie zart und weich, wenn sie sterben starr und dürr. Daher ist das Harte und Starke der Begleiter des Todes, das Zarte und Weiche der Begleiter des Lebens. (Aus Spruch 76)
>
> Es gibt nichts Weicheres auf Erden als das Wasser. Und doch kommt ihm nichts gleich in seinem Bezwingen des Starren und Starken. Dass das Schwache das Starke besiegt und das Weiche das Harte, weiß jeder. Und doch kann sich niemand danach richten. (Aus Spruch 78)

Dasselbe Prinzip zeigt sich im Vergleich zwischen einem Spitzensportler und einem Qigong- oder Tai-Chi-Meister. Der Spitzensportler ist mit vierzig Jahren am Ende seiner Karriere, der Qigong-Meister mit achtzig auf dem Höhepunkt seiner Karriere angelangt. Ersterer holt aus Bewegung und Kraft noch mehr Kraft (aus Yang noch mehr Yang), Letzterer entwickelt aus zentraler Ruhe die geschmeidige Bewegung (aus Yin nährt sich Yang).

Daraus entsteht ein ganz anderes Bild von den »Herren« der Hexagramme (die zumeist auf dem fünften Platz angesiedelt werden) und der Unterscheidung zwischen »Hoch und Niedrig« beziehungsweise »Vornehm und Gering«, als es üblicherweise, auch bei Wilhelm, angegeben wird (vgl. seine Erläuterungen »Die Struktur der Zeichen«). Auch hier scheint sich ein patriarchalisches, so genanntes konfuzianisches, staatserhaltendes Prinzip eingemischt zu haben.

Nun lässt man sich für gewöhnlich gern vom äußeren Schein der Macht und Kraft verblenden und übersieht dabei die mitunter maroden Wurzeln, aus denen sie erwachsen. Wie hoch wurde doch hierzulande zum Teil die Kulturrevolution gefeiert. Dass dafür Millionen von Menschen ihr Leben hingeben mussten, wollte niemand so genau wissen. Nur hartgesottene kalte Krieger stellten sich der allgemeinen Euphorie entgegen, aber nicht wegen der unzähligen Toten, sondern wegen der »gelben« und »roten« Gefahr.

Gewiss kann der fünfte Strich, insbesondere wenn er ein Yang-Strich ist, als ein das Hexagramm beherrschendes Element betrachtet werden, doch besteht zumeist ein starkes gegenseitiges Abhängigkeitsverhältnis zum zweiten Strich. Eine solche Gegenseitigkeit haben wir in den Strich-Worten zum zweiten und fünften Strich im Hexagramm *Der Gegensatz* (38) gesehen. Der fünfte Strich neigt sich zum zweiten hinab: »Er begegnet seinem Herrn auf der Gasse« – er, der zweite, begegnet dem fünften. Dann wendet sich der zweite dem fünften Strich zu: »Er beißt sich durch die Haut«, das heißt der zweite geht dem fünften unter die Haut (siehe S. 47f.). Im Hexagramm *Die Anfangsschwierigkeit* (3) ist das Erreichen eines guten Verhältnisses zwischen den beiden Mitten erschwert:

Die Frau – der zweite Yin-Strich – verspricht sich dem fünften Yang-Strich – dem Mann – erst in zehn Jahren, vorher gilt es noch Räuber zu überwinden (siehe S. 57).

Kehren wir nochmals zu Wang Bi zurück, der betont, dass es im I Ging stets darum gehe, mittels der Worte und Bilder die Ideen zu erfassen. Dem ist gewiss zuzustimmen – doch das I Ging macht einem diesen Prozess nicht immer leicht. Oft beginnt diese Schwierigkeit schon, wenn es gilt, aufgrund der Worte die Bilder möglichst so zu erfassen, wie sie im I Ging gemeint sein können und nicht, wie wir sie aufgrund unserer eigenen Tradition aufzufassen geneigt sind. Ein gutes Beispiel ist das Bild des Rindes. Wilhelm übersetzt hier meistens etwas irreführend »Kuh«. Nun muss man wissen, dass es im alten China nie Milchkühe gab, die auf Bergweiden grasten. Gemeint ist hier vielmehr ein sehr kräftiges Tier, das gutmütig ist und sich vor einen Wagen oder Pflug spannen lässt. Vorsicht ist auch mit dem Bild des Blutes geboten. Nur allzu leicht wird hier ans Blutvergießen gedacht – öfter interpretiert auch Wilhelm so. Nach meinen Untersuchungen geht es aber praktisch immer um Blut als einen ganz besonderen Saft, das heißt um einen Lebenssaft, mit dem auf Wesentliches, Existenzielles verwiesen wird.

Wenn es darum geht, aufgrund der Bilder die Ideen zu verstehen, können oft die Bilder von Mann und Frau irreführend wirken – auch diesbezüglich versagen Wilhelms Übersetzung und seine Interpretationen oft, weil er gern die Frauen als brave Hausmütterchen beziehungsweise als das »schwache Geschlecht« hinstellt, dem gegenüber ein nachsichtig-ritterliches Verhalten angemessen ist. Vor allem, wenn die Frage die Beziehung zu einer Partnerin betrifft, ist man leicht geneigt, die Erwähnung der Frau wörtlich zu nehmen. Das führt in den meisten Fällen zu falschen Schlüssen.

Wenn das I Ging beispielsweise auf die Frage »Wie ist es, wenn ich mich auf diese Beziehung einlasse?« mit dem Hexagramm *Das Entgegenkommen* (44) antwortet (in dessen Urteil steht: »Beim Entgegenkommen ist die Frau stark. Man soll die Frau nicht heiraten«), kann man ohne ein weiteres Nachspüren, was mit diesem Bild gemeint sein könnte, leicht zu dem Schluss kommen, dass das I Ging vor dieser Beziehung warnt. In der Praxis aber zeigte dieses Bild dem Ratsuchenden in überzeugender Weise etwas anderes. Um dies zu verstehen, sehen wir uns kurz das Hexagramm an:

 Himmel
Wind

Oben, außen, steht der starke und entschiedene Himmel. Das zeigte beim Fragesteller eine große Sicherheit und Entschlossenheit. Zugleich melden sich aus innerer Tiefe aber auch Unsicherheiten – sonst hätte er das I Ging ja gar nicht befragt. Unten steht Sun, der Wind oder Baum. Und genau dieses auf seine Weise starke Innere ist es, was mit dem Bild der »starken Frau« ausgedrückt wird. Im Inneren dringt etwas ein, das zunächst harmlos erscheint, doch wächst und wächst es unerbittlich weiter, sodass die Gefahr besteht, dass man davon überwuchert wird. Gerade darauf bezog schließlich der Ratsuchende diese »starke Frau«: auf eine mögliche Beziehung zu der realen Frau, die ihn in eine Abhängigkeit führen könnte. Der I-Ging-Rat warnte also nicht vor der Beziehung an sich, sondern davor, dass diese Beziehung in seinem Leben allzu großen Raum einnehmen könnte – dessen sollte er sich bewusst werden.

er auf die Welt verzichten muss, unverzagt« und verniedlicht damit die Dramatik der Situation etwas. Dui, der See, das Heitere, oder, etwas konkreter gefasst, die emotionalen Verstrickungen nach außen überströmen das innere, selbstbewusste Wachstum (unteres Trigramm Sun, der Wind, der Baum). Dass der Mann Klarheit geschaffen, ihr verziehen und damit eine fortdauernde Freundschaft erreicht hatte, war gut und recht, aber die neue Situation, die kein Zurück mehr erlaubte, musste er dann auch selbst vollständig annehmen.

WIE KANN ICH BEI MIR SELBST BLEIBEN IN EINER DESTRUKTIVEN UMGEBUNG?

Eine Frau Mitte sechzig war beträchtlichen Anforderungen und Unannehmlichkeiten ausgesetzt. Sie war verantwortlich für ihre Mutter im Pflegeheim, wo vieles nicht so lief, wie es sollte. Zusätzlich wurde bei ihr eingebrochen; es kam zu Schwierigkeiten mit der Versicherung, und das Ganze zog Kreise in ihrer Umgebung. Sie reagierte körperlich mit Lungenproblemen und hatte teilweise Gehbeschwerden, die jedoch medizinisch unklar waren.

Das I Ging gab auf ihre Frage das folgende Bild:

3. Anfangsschwierigkeit 42. Mehrung

Wir sind bereits ausführlich auf das Hexagramm *Die Anfangsschwierigkeit* eingegangen (siehe S. 51ff.), es sei in diesem Zusammenhang jedoch nochmals herangezogen. Das Schriftzeichen für den Hexagramm-Namen *zhun* zeigt das Bild eines Sprosses, der hervorwächst, aber oben gehemmt wird. Das deutsche Wort stimmt mit den beiden Trigrammen überein:

Der Donner unten macht einen *Anfang*, während das Wasser ihm oben als die *Schwierigkeit* im Weg steht.

Gleichsam als Warnschild stellt sich der Berg (oberes Kernzeichen) vor die Gefahr. Als unteres Kernzeichen präsentiert sich mit der Erde ein weites Feld, das es zu bearbeiten gilt, zunächst am besten aus einer noch verbleibenden inneren Sicherheit heraus. So drücken sich jedenfalls die Worte der Gesamtcharakterisierung in den »Vermischten Zeichen« aus:

> Bei der Anfangsschwierigkeit wird etwas sichtbar,
> aber man hat noch nicht sein Verbleiben verloren.

Man wagt sich also schon etwas weiter hinaus in die schwierige Umgebung, macht sich »sichtbar«, doch gibt man noch nicht seinen letzten Halt im Inneren auf.

Die Bildworte lauten:

> Wolken und Donner: die Anfangsschwierigkeit.
> Demgemäß ordnet der Edle.

»Ordnen« heißt wörtlich »Kettfäden [aufspannen] und Seidenfäden [einwirken]« (siehe auch S. 54). Die Kettfäden kann man als große Richtlinien betrachten, auf die sich das Leben einweben lässt. Während beim ungekehrten Hexagramm, *Die Befreiung* (40) (unten Kan und oben Zhen), »Donner und Regen wirken« steht, liest man hier »Wolken und Donner«. Hier ist also noch nichts geschehen, es herrscht »dicke Luft«, doch dort ist der Gewitterregen bereits vorbei. In den Wolken lauert Gefahr: Fällt befruchtender Nieselregen, so ist alles gut; es könnten aber auch Hagelkörner niederprasseln und den »Spross« zerschlagen.

Zum »Ordnen« passt der folgende Satz im Kommentar zum Urteil:

> Das vom Himmel Geschaffene ist wirr und dunkel,
> daher ist es günstig, Gehilfen einzusetzen, ohne sich
> dann schon in Ruhe zu wiegen.

»Wirr« bedeutet wörtlich »Gras«, das heißt es ist zunächst noch alles wirr, wie wilde Grasbüschel. Als »Gehilfen« kann man im Wesentlichen die Erde (unteres Kernzeichen) über der Kraft von ganz unten sehen. Die Erde kann den Spross unten nähren und stärken, sodass er allmählich der Gefahr oben gewachsen ist. Doch auch trotz der größeren Sicherheit gegenüber der destruktiven Situation sollte diese noch nicht als überwunden betrachtet werden: Mit dem Berg (oberes Kernzeichen), der in einem Spannungsverhältnis zum Donner unten steht, konnte die Frau sehr viel anfangen. Sie meinte dazu, sie müsse ihn eben Steinchen um Steinchen abtragen und so sich allmählich von den Belastungen befreien.

Die Worte zum obersten, sich wandelnden Strich, lauten:

Sie reitet auf dem Pferd und wird zurückgehalten.
Blutige Tränen fließen.
Kommentar: Blutige Tränen fließen, wie dürfte das
lange andauern.

Blut verweist stets auf ganz Wesentliches, Persönliches, das an die Substanz geht. Das Pferd kann im fünften Yang-Strich gesehen werden, der als Yang-Strich des Berges zurückhaltend wirkt. An dieser Stelle kann man die letzte Überwindung der schwierigen Situation sehen: Man soll seine ganze Existenz einsetzen, dann wenden sich die Verhältnisse zum Besseren.

Diese besseren Verhältnisse werden mit dem Wandlungshexagramm *Die Mehrung* (42) versprochen. Es ist eines der ausgewogensten Hexagramme. Ein guter Zusammenhalt wird durch drei Entsprechungen gegeben (der unterste Yang-Strich entspricht dem vierten Yin-Strich, der zweite Yin-Strich dem fünften Yang-Strich und der dritte Yin-Strich dem obersten Yang-Strich). Oben ist gegenüber der *Anfangsschwierigkeit* anstelle des Wassers der Wind oder Baum getreten. Das bedeutet, dass der innere

Spross (unten Zhen, der Donner) sich nach außen ausbreiten kann. Ein gutes Bindeglied bildet der vierte Yin-Strich, als die »Wurzel« des Baums oben. Noch steht im oberen Kernzeichen der Berg, der ein übermäßiges Wachstum von innen heraus verhindert. Im Kommentar zum Urteil wird in folgenden Sätzen die Ausgewogenheit und die positive Dynamik ausgedrückt:

> In der Mehrung zeigt sich Bewegung und dann Eindringen (Sun). So schreitet man täglich grenzenlos voran. Der Himmel spendet, und die Erde lässt wachsen, und so wird überall gemehrt.

Das »Entwirren« der destruktiven Verhältnisse kostete die Frau viel Energie; doch ebenso wichtig war, dass sie zu einer gewissen Gelassenheit kam. Obschon sie sich wesentlich weniger im Pflegeheim engagierte, veränderten sich dort die Verhältnisse positiv. Ebenso besserten sich ihre Lungenprobleme und die Gehbeschwerden.

WAS GESCHIEHT MIT DEN USA?

Kann das I Ging auch Antworten auf das Weltgeschehen geben? Dies wollte ein Teilnehmer meiner Kurse wissen und stellte am 12. September 2001 an das I Ging die Frage »Was geschieht mit den USA?«. Die »Antwort« war überraschend:

19. Die Annäherung   7. Das Heer   29. Das Abgründige

Unten steht in der *Annäherung* Dui, der See, und oben mit Kun, der Erde, ein weites, noch ungeformtes Feld. Damit kann gesagt werden, dass man sich mit innerer Emotionalität dem noch Unbekannten annähert.

Nicht uninteressant ist in diesem Zusammenhang die Reihenfolge, in der das Hexagramm steht:

☰ See	☶ Berg	☷ Erde	☴ Wind
☳ Donner	☴ Wind	☱ See	☱ See
Nachfolge	Arbeit am Verdorbenen	Annäherung	Betrachtung

Mit *Begeisterung* (16) kommt es gewiss zu einem *Nachfolgen* (17). Darum folgt darauf die *Nachfolge*. Wer gern anderen *nachfolgt*, der wird gewiss einmal Dinge zu bereinigen haben. Darum folgt darauf die *Arbeit am Verdorbenen* (18). *Arbeit am Verdorbenen* bedeutet, etwas zu bereinigen haben. Hat man etwas zu bereinigen, dann kann darauf etwas Großes werden. Darum folgt darauf die *Annäherung* (19). *Annäherung* bedeutet groß werden. Nachdem die Dinge groß sind, kann man sie *betrachten* (20). Darum folgt darauf die *Betrachtung*.

Die mitreißende *Begeisterung* (16), die der *Nachfolge* (17) vorausgeht, birgt Gefahr, dass man eingleisig fährt und sich nur noch dem Begeisternden hingibt. In der *Nachfolge* (17) wird nun die kraftvolle Bewegung wieder nach innen genommen (unten Zhen, der Donner) und unter die Heiterkeit (oben Dui, der See) gestellt. Hier sollen Vorurteile weggeschoben werden, wie es in den »Vermischten Zeichen« heißt. Ist man allerdings allzu unbeschwert und nachlässig, so besteht die Gefahr, dass man sich in etwas hineinziehen lässt, ohne es zu wollen. Macht man fröhlich weiter, so kommt man irgendwann nicht mehr umhin, sich von dem, was sich eben auch an Üblem entwickelt hat, wieder zu befreien.

Darum geht es in der *Arbeit am Verdorbenen* (18): Veraltetes und Überholtes soll entkrustet und bereinigt werden. Unter dem Berg ist der Wind, es ist also etwas eingeschlossen, das hinaus möchte. Die *Annäherung* (19) danach ist gewissermaßen ein Aufbruch zu etwas Neuem. Sie wird dem zwölften Monat zugeordnet, das heißt dem ersten Monat nach der Wintersonnenwende (Januar/Februar), wenn es wieder aufwärts geht. Analog dazu heißt es auch: »Annäherung heißt groß werden« (Reihenfolge). Nun, wenn etwas groß geworden ist, kann und sollte man es genau anschauen in der *Betrachtung* (20). Ob dieses groß Gewordene allerdings auch eine gute Sache ist, bleibt noch zu fragen.

In den Bildworten heißt es:

> Über dem See ist die Erde: die Annäherung. So ist der Edle in seiner Absicht, zu belehren unerschöpflich und im Tragen und Schützen des Volkes grenzenlos.

Die Beurteilung, ob diejenigen, von denen in der konkreten Frage die »Belehrung« ausging, auch »Edle« waren, sei dahingestellt.

Zum untersten wandelbaren Strich ist die Rede von »gemeinsamer Annäherung«. Das lässt sich wohl bezogen auf die konkrete Frage als eine Allianz gegen das »Böse« interpretieren.

Durch die Umwandlung des untersten Yang-Strichs in einen Yin-Strich führt die Bewegung weiter in das *Heer* (7), das hier ganz wörtlich genommen werden kann. Interessant sind auch die Worte zum fünften wandelbaren Strich in diesem Hexagramm:

> Der Älteste führe das Heer. Wenn der Jüngere Leichen im Wagen fährt, bringt Beharrlichkeit Unheil.

Der »Älteste« bezeichnet den zweiten Yang-Strich, der für eine verborgene Stärke steht, die aus dem Abgrund erwächst (unteres Trigramm Kan, das Abgründige). Der »Jüngere« deutet auf den dritten Strich, ein Yin-Strich auf starkem, also nicht gebührendem Platz. Er steht für ein haltloses Vorpreschen, das gefährlich werden kann. Unter »Beharrlichkeit« ist ein Festhalten an dem einmal eingeschlagenen Weg zu verstehen.

Die Umwandlung dieses fünften Yin-Strichs in einen Yang-Strich deutet auf keine einfache Weiterentwicklung: Sie führt hin zum *Abgründigen* (29). Es steht in diesem Hexagramm »Abgrund über Abgrund« (zweimal Kan, das Wasser). Das Wasser fließt allerdings auch weiter. Im Kommentar zum Urteil heißt es:

> Das wiederholt Abgründige ist die verdoppelte Gefahr. Indem das Wasser fließt, staut es sich nicht. Indem es gefährliche Stellen durchströmt, verliert es nicht seine Vertrauenswürdigkeit.

Der Fluss strömt also weiter, wenn auch an »gefährlichen Stellen« vorbei. Einfach ist die Situation demnach nicht, doch kann man auf das Weiterfließen vertrauen.

Hier soll aufgrund der angesprochenen I-Ging-Bilder keine bestimmte politische Meinung vertreten werden. Diese Bilder lassen alles offen – sie regen jedoch zum Nachdenken an.

ANLEITUNG ZUR
I-GING-BEFRAGUNG

ART DER FRAGE

Wer das I Ging um Antworten auf persönliche Lebensfragen bittet, sollte zuerst genau in sich hinein-
horchen, worum es ihm wirklich geht. Dann for-
muliert er eine möglichst präzise Frage und schreibt
sie auf. Die Frage muss sich immer auf Umstände, auf
eine Situation beziehen, beispielsweise: »Was hat es
auf sich mit einem Wohnungswechsel aus diesen oder
jenen Gründen?« oder »Wohin könnte mich die Ausbildung, die ich mir vorgenommen habe, führen?«
Fragen, die mit Ja oder Nein beantwortet werden
können sowie Entweder-oder-Fragen scheiden von
vornherein aus, weil das I Ging nur situativ antwortet.
Will man das I Ging befragen »Wäre das oder jenes
besser?«, so kann man zwei Fragen stellen: 1. »Wie
wäre es, wenn ich dies tue?« 2. »Wie wäre es, wenn
ich jenes tue?« Dann kann man die Antworten des
I Ging miteinander vergleichen.

Das I Ging kann aber auch ganz allgemein befragt
werden: »Wo stehe ich jetzt gerade?«

DIE STÄBCHEN-METHODE

Für diese Methode schneidet man fünfzig Pflanzenstängel von etwa zwanzig Zentimeter Länge zurecht.
Traditionell werden Stängel der Schafgarbe verwendet, doch ebenso geeignet sind auch die Blattstängel
der Rosskastanie (beide am besten im Herbst zu sam-
meln). Letztlich ist es auch Geschmackssache, ob man
stattdessen große Zündhölzer oder Mikadostäbe ver-

wenden will – sie sind sehr starr und fühlen sich nicht so lebendig wie Pflanzenstängel an.

Die Auslegung der Stäbchen:

1. Legen Sie ein beliebiges der fünfzig Stäbchen beiseite. Es wird bis zum Schluss nicht mehr benützt.
2. Teilen Sie den Haufen der restlichen 49 Stäbchen in zwei beliebig große Teile.
3. Nehmen Sie ein Stäbchen aus dem rechten Haufen auf und stecken Sie es zwischen den kleinen Finger und den Ringfinger der linken Hand.
4. Zählen Sie den linken Haufen in Vierergruppen durch, bis ein Rest von vier, drei, zwei oder einem Stäbchen bleibt. Stecken Sie dann diesen Rest zwischen Ring- und Mittelfinger der linken Hand.
5. Verfahren Sie mit dem rechten Haufen ebenso und stecken Sie den Rest von wiederum vier, drei, zwei oder einem Stäbchen zwischen Mittel- und Zeigefinger der linken Hand.
6. Zählen Sie die Stäbchen zwischen den Fingern zusammen. Es sind entweder fünf Stäbchen (1 + 1 + 3; 1 + 2 + 2; 1 + 3 + 1) oder neun Stäbchen (1 + 4 + 4). Sind es fünf, so notieren Sie eine Drei, sind es neun, so notieren Sie eine Zwei.
7. Legen Sie diese fünf oder neun Stäbchen beiseite, aber nicht zu dem einen Stäbchen, das eingangs weggelegt wurde.
8. Nehmen Sie den Rest zusammen und verfahren Sie damit wieder wie in den Punkten 2. bis 6. Zwischen den Fingern stecken nun vier (1 + 1 + 2; 1 + 2 + 1) oder acht (1 + 3 + 4; 1 + 4 + 3) Stäbchen. Bei acht schreiben Sie neben die erste Zahl eine Zwei, bei vier eine Drei und legen diese Stäbchen zu den ersten hinzu.

9. Mit den verbleibenden Stäbchen verfahren Sie ein drittes Mal gemäß den Punkten 2. bis 6. Zwischen den Fingern stecken nun wieder vier oder acht Stäbchen. Wieder schreiben Sie eine Zwei beziehungsweise Drei neben die ersten beiden Zahlen.

10. Die Summe der drei Zahlen ist sechs (2 + 2 + 2), sieben (2 + 2 + 3; 2 + 3 + 2; 3 + 2 + 2), acht (2 + 3 + 3; 3 + 2 + 3; 3 + 3 + 2) oder neun (3 + 3 + 3).

11. Diese Summe ergibt den untersten Strich eines Hexagramms. Sechs zeigt einen wandelbaren Yin-Strich an (wird durch ein Diagonalkreuz in der Mitte markiert), sieben einen nicht wandelbaren Yang-Strich, acht einen nicht wandelbaren Yin-Strich und neun einen wandelbaren Yang-Strich (durch einen Kreis in der Mitte markiert):

6	——×——	wandelbarer Yin-Strich
7	————	nicht wandelbarer Yang-Strich
8	—— ——	nicht wandelbarer Yin-Strich
9	——o——	wandelbarer Yang-Strich

Man kann nach der dritten Durchzählung auch die verbleibenden Vierergruppen des linken und rechten Haufens zusammenzählen. Sind es sechs Vierergruppen (6 × 4 = 24 Stäbchen), so gilt der Strich als eine Sechs, bei sieben (7 × 4 = 28 Stäbchen) als eine Sieben, bei acht (8 × 4 = 32 Stäbchen) als eine Acht und bei neun Vierergruppen (9 × 4 = 36 Stäbchen) als eine Neun.

12. Nehmen Sie nun alle Stäbchen bis auf das anfangs beiseite gelegte zusammen und verfahren Sie noch fünf Mal in derselben Weise (Punkte 2. bis 11.), sodass sich allmählich von unten nach oben ein Hexagramm aufbaut.

Diese Prozedur dauert etwa eine halbe Stunde. Sie hat den Vorteil, dass man durch das sich stets wiederholende Abzählen in eine Art meditativen Prozess kommen kann, der ruhig und gelassen macht.

DIE MÜNZMETHODE

Diese Methode nimmt wesentlich weniger Zeit in Anspruch. Werfen Sie drei Münzen: Die Bildseite gilt als Drei und die Zahlseite als Zwei. Zählt man die Werte der drei Münzen zusammen, so kommt man zu sechs (2 + 2 + 2), sieben (2 + 2 + 3; 2 + 3 + 2; 3 + 2 + 2), acht (2 + 3 + 3; 3 + 2 + 3; 3 + 3 + 2) oder neun (3 + 3 + 3). Mit einem Wurf ist also bereits Punkt 11. der Stäbchenmethode erreicht. Fünf weitere Würfe ergeben dann das ganze Hexagramm von unten nach oben. Konkret also:

6	——×——	Zahl – Zahl – Zahl
7	————	Bild – Zahl – Zahl
8	—— ——	Bild – Bild – Zahl
9	——o——	Bild – Bild – Bild

Diese Methode empfiehlt sich für Fragen von geringerer Tragweite – etwa: »Wie kann mein Zusammentreffen morgen Abend mit X verlaufen?« – oder bei Zeitmangel. Geht es allerdings um wesentliche Fragen, so wird man sich in der Regel auch die nötige Zeit dafür nehmen. Allgemein habe ich festgestellt, dass man bei beiden Methoden immer wieder sehr treffende Antworten erhält.

WIE FINDE ICH DAS HEXAGRAMM UND SEINE WANDLUNG?

Durch Stäbchenauszählung oder Münzwurf kann sich beispielsweise folgendes Hexagramm ergeben:

8	—— ——
6	——×——
7	————
9	——o——
9	——o——
8	—— ——

Nun sieht man nach, aus welchen Trigrammen sich das Hexagramm zusammensetzt – drei Striche bilden zusammen je eines der acht Trigramme. Im Beispiel ist das obere Zhen, der Donner (zwei Yin-Striche über einem Yang-Strich), und das untere Sun, der Wind (zwei Yang-Striche über einem Yin-Strich). Durch Nachschlagen in der Tabelle in Wilhelms Übersetzung, geordnet nach oberem und unterem Trigramm, kommt man auf die Nummer 32, unter der man dieses Hexagramm mit dem Namen *Die Dauer* findet.

Nun sind der zweite, dritte und fünfte Strich wandelbar, das heißt sie haben – da sie auf dem Höhepunkt des Yin beziehungsweise Yang angelangt sind – die Tendenz, sich in den je anderen Strich umzuwandeln. Daher tendiert das Hexagramm auf das nachfolgende andere hin:

                  —— ——
→   ————
                  ————
→   —— ——
→   —— ——
                  —— ——

Wiederum werden nun die beiden Teiltrigramme eruiert – hier sind es oben Dui, der See (ein Yin-Strich über zwei Yang-Strichen), und unten Kun, die Erde (drei Yin-Striche). Aus der Tabelle ergibt sich die Nummer 45 mit dem Namen *Die Sammlung*.

Da die Hexagramme bei der Auslegung von unten nach oben aufgebaut werden, ist es auch sinnvoll, die Wandlungen von unten nach oben wachsen zu lassen, wie es dieses Buch anhand praktischer Beispiele zeigt. Dadurch ergibt sich ein ganzer Weg, auf dem die Zwischenstationen oft sogar mehr zu sagen haben als das letzte Wandlungshexagramm. Nachfolgend der Weg im angegebenen Beispiel:

32.		62.		16.		45.
→	⇉	→	→	→		
Die Dauer		Des kleinen Übergewicht		Die Begeisterung		Die Sammlung

TEXTMATERIAL DES I GING

Grundsätzlich besteht das I Ging aus zwei Text-schichten:

DER GRUNDTEXT

Er umfasst die »Urteile« (Wilhelm; chin. *Guaci* = wörtl. »Hexagramm-Worte«) und »Die einzelnen Li-nien« (Wilhelm; chin. *Yaoci* = wörtl. »Strich-Worte«). Dieser Teil stammt wahrscheinlich aus der ersten Hälfte des 1. vorchristlichen Jahrtausends.

DIE »ZEHN FLÜGEL«

Sie bestehen aus zehn kommentierenden, erläutern-den und erweiternden Texten, die wohl im Verlauf des 4. und 3. vorchristlichen Jahrhunderts entstanden sind. Von keinem ist ein Verfasser bekannt:

1. + 2. Flügel = »Kommentar zur Entscheidung« (Wilhelm), chin. *Tuan*: Kommentar und erwei-ternder Text zu den »Urteilen« der Ersten Ab-teilung (Hexagramme 1–30) beziehungsweise Zweiten Abteilung (Hexagramme 31–64) des Haupttextes.
3. + 4. Flügel = 1. »Bild« (Wilhelm), chin. *Xiang*, Bildtexte: Es wird Bezug auf die beiden Teiltri-gramme genommen und dann gesagt, was in der entsprechenden Situation am besten zu tun ist. 2. Kommentare zu den einzelnen Strich-Worten: Diese haben inhaltlich mit den echten Bildtexten

nichts gemein. Zwei Flügel ergeben sich durch die Zuteilung zur Ersten beziehungsweise Zweiten Abteilung des Haupttextes.

5. + 6. Flügel = »Die Große Abhandlung« (Wilhelm), chin. *Xici* oder *Dazhuan*, Erste Abteilung beziehungsweise Zweite Abteilung: Lose zusammenhängende Sammlung von Texten kosmologischen, philosophischen und kommentierenden Inhalts.

7. Flügel = »Kommentar zu den Textworten« (Wilhelm), chin. *Wenyan*. Zusätzliche Kommentare zu den ersten beiden Trigrammen Qian, *Das Schöpferische* (1), und Kun, *Das Empfangende* (2).

8. Flügel = chin. *Shuogua*, »Besprechung der Zeichen« (Wilhelm). Bis auf den Anfang (in Wilhelm Kapitel I) einheitlicher Text über die acht Trigramme.

9. Flügel = chin. *Xugua*, »Die Reihenfolge« (Wilhelm): Kurzer Text, der sich damit beschäftigt, wie die Hexagramme aufeinander folgen (bei Wilhelm unter die Hexagrammtexte aufgeteilt).

10. Flügel = chin. *Zagua*, »Vermischte Zeichen« (Wilhelm): »Zeichen« bedeutet hier Hexagramme. »Vermischt« heißt »anders gemischt« oder angeordnet, weil die Hexagramme in diesem kleinen Text in einer anderen Reihenfolge angeordnet sind. Es sind kurze Charakterisierungen zu den einzelnen Hexagrammen (bei Wilhelm unter die Hexagrammtexte aufgeteilt).

ANMERKUNGEN

[1] Im *Zuozhuan*, einer Art Kommentar zur Chronik des Staates Lu (*Chunqiu*),wird mehrfach die I-Ging-Befragung an Fürstenhöfen mit Zitaten aus dem Buch erwähnt. Das Zuozhuan ist etwa im vierten vorchristlichen Jahrhundert entstanden.

[2] Diese Hypothese stellten Zhu Bokun u. a. in *Yixue – Jichu jiaocheng* (»Grundlehrgang zur I-Ging-Lehre«), Peking 2000, S. 63f., auf.

[3] Seit der Han-Zeit ließ man wichtige Texte – darunter kaiserliche Dekrete – auf Stelen meißeln. Diese Meißelungen auf Steinplatten stellen die ältesten »Kopiergeräte« der Welt dar: Man konnte davon nämlich Papierabreibungen herstellen und so die Texte mitnehmen.

[4] »Belege« dafür, dass Konfuzius sich intensiv mit dem I Ging beschäftigt habe, meinte man in den *Gesprächen des Konfuzius* (*Lun yü* beziehungsweise *Lunyu*) zu finden, der einzigen verlässlichen Quelle über ihn. Es handelt sich dabei jedoch lediglich um zwei Stellen, die überdies nur als sehr vage Andeutungen gelten können – interpretiert man beide etwas anders, so bleibt nichts vom I Ging übrig. Hätte Konfuzius sich wirklich intensiv mit dem I Ging beschäftigt, so wäre in jedem Kapitel des *Lunyu* zumindest ein I-Ging-Zitat zu erwarten gewesen, was nicht der Fall ist. Aber auch bei seinen frühen Nachfolgern wie etwa Menzius (372–289 v. Chr.) sind keinerlei Hinweise auf das I Ging auszumachen.

[5] Richard Wilhelm (1873–1930) entstammte einer ärmlichen württembergischen Familie. Sein Vater war Glasmaler und hätte seiner Familie eine gute wirtschaftliche Grundlage geben können, hätte er nicht mehr und mehr unter der Gicht gelitten; er starb, als Richard noch ein Kind war. Richards Verhältnis zu seinem Vater war offenbar sehr eng, ihn prägte dessen starke musische Ader sowohl im bildnerischen Gestalten als auch in der Musik. Unter großen Entbehrungen gelang Richard der Abschluss des Theologiestudiums. Zur zweiten Vaterfigur wurde ihm sein zukünftiger Schwiegervater, der Theologe Christoph Blumhardt, ein früher Vertreter des sozialen Christentums. Goethe begleitet Wilhelm seit seiner Jugend. Bis 1899 wusste Wilhelm nichts von China. Da las er ein Zeitungsinserat, in dem

ein Pfarrer für eine neue deutsche Kolonie in China, Jiaozhou, gesucht wurde. Nach Gesprächen mit seinem Schwiegervater meldete er sich und wurde unter vielen Mitbewerbern ausgewählt. Damit begann seine epochale sinologische Karriere. Bis zu seiner endgültigen Rückkehr 1924 lebte er, abgesehen von einigen Deutschlandbesuchen, in China, in dessen Geist er sich vollständig einlebte.

[6] Hier einige Hinweise auf die augenfälligsten Stellen. Wilhelms Übersetzung auf S. 41: »Die Frauen zu nehmen wissen, bringt Heil.« Der Originaltext lautet: *na* (nehmen/annehmen/aufnehmen) *fu* (Frau) *ji* (Heil). Mir scheint die Übersetzung »Die Frau(en) annehmen [so wie sie ist/sind], bringt Heil« näher liegend. Wang Bi (226–249), der einen der bedeutendsten Kommentare zum I Ging geschrieben hat, sagt zu dieser Stelle: »Die Frau ist jemand, mit der man sich verbindet, sie hat ihre eigenen Qualitäten.« – Siehe zu diesem Thema ferner auch Wilhelms Kommentar auf S. 93 zur »Sechs auf zweitem Platz« und auf S. 130 zur »Sechs auf fünftem Platz« sowie seine »Bemerkung« zu *Das heiratende Mädchen* (54) auf S. 199.

[7] Um diesen Aspekt hat sich besonders der französische Sinologe Marcel Granet (1884–1940), der ursprünglich von der Soziologie herkam, verdient gemacht, indem er auf geniale Weise die frühe Sozialgeschichte Chinas neu bewertet. Er betrachtet die alten Schriftzeugnisse unter einem phänomenologischen Blickwinkel und kann dadurch ein ganz anderes Bild der alten chinesischen Gesellschaft entwerfen, als dies durch die Brille der chinesischen Geschichtsschreibung aus dem späteren Kaiserreich möglich ist. Es gelingt ihm, durch seine minutiöse Untersuchung der alten Quellentexte das Bild der frühen chinesischen Gesellschaft zu zeichnen, die im Verlauf des 1. vorchristlichen Jahrtausends von der matriarchalischen zur patriarchalischen Lebensform übergeht. Diese Studien sind vor allem in seinem Buch *Die chinesische Zivilisation* (Original 1929) zu finden.

[8] Zitiert nach: *Erfahrungen mit dem I Ging. Vom kreativen Umgang mit dem Buch der Wandlungen*, hrsg. v. Ulf Diederichs, München 1992, S. 134.

[9] Diese historischen Zusammenhänge zeigt Richard Rutt in seiner I-Ging-Übersetzung *The Book of Changes*, Richmond 1996, S. 347, detailliert auf.

[10] Wilhelm verleiht diesem Satz in seiner Übersetzung einen stark allgemein-philosophischen Gehalt: »So erkennt der Edle durch die Ewigkeit des Endes das Vergängliche.« Durch die Wahl des Wortes »das Vergängliche« unterschlägt er meines Erachtens die eigentlich sehr konkrete Bedeutung des »Abgenutzten«, nicht mehr Zeitgemäßen.

[11] Wilhelms Übersetzung »Gleichgesinnter« entspricht zwar der Beziehung der beiden Yang-Striche, hat aber mit dem dafür wiedergegebenen Wort wenig zu tun. »Mann am Grund« ist möglichst wörtlich und verweist auch konkret auf den untersten Strich.

[12] Hier im Kommentar ist ein patriarchaler Einfluss unverkennbar – im Grundtext lassen sich nirgends Ausdrücke wie »vornehm« und »gering« finden. Man sollte sich davon jedoch nicht täuschen lassen: die Yin-Striche gelten an sich ebenso viel wie die Yang-Striche. Etwas neutraler ausgedrückt könnte man den Satz im Kommentar etwa so wiedergeben: Ein starker Yang-Strich stellt sich unter die trägen, aufnahmebereiten Yin-Striche.

[13] Wilhelm schreibt hier: »Pferd und Wagen trennen sich.« Anstelle von »reiten« nimmt er das davon abgeleitete Worte »Wagen«. Der Wagen ergibt sich daraus, dass man im Wagen auch »reitet« beziehungsweise sitzt.

[14] Wang Bi: *Zhouyi lüelie* (»Abriss über das I Ging«), zitiert nach Mou, Zongsan: »Wei-Jin mingli zhengming« (»Richtigstellung der Namen gemäß der Namenstheorie während der Wei- und Jin-Dynastie«), in: *Zhongguo zhexue sixiang lunji* (»Anthologie zum Denken in der chinesischen Philosophie«), Taipei [2]1977, S. 231.

LITERATUR

Book of Changes, The, übers. von Richard Rutt, Richmond 1996

Diederichs, Ulf (Hrsg.): *Erfahrungen mit dem I Ging. Vom kreativen Umgang mit dem Buch der Wandlungen*, München 1992

Granet, Marcel: *Die chinesische Zivilisation*, München 1980

I Ging, *Das Buch der Wandlungen*, übers. von Richard Wilhelm, München [25]2000

Kungfutse. Gespräche – Lun Yü, übers. von Richard Wilhelm, München [8]2000

Laotse. Tao te king, das Buch vom Sinn und Leben, übers. von Richard Wilhelm, München [13]2000

Li Gi. Das Buch der Riten, Sitten und Bräuche, übers. von Richard Wilhelm, München [3]1981

Mawangdui-Yijing, Das. Text und Deutung, übers. und hrsg. von Dominique Hertzer, München 1996

Mou, Zongsan: »Wei-Jin mingli zhengming« (»Richtigstellung der Namen gemäß der Namenstheorie während der Wei- und Jin-Dynastie«), in: *Zhongguo zhexue sixiang lunji* (»Anthologie zum Denken in der chinesischen Philosophie«), Taipei [2]1977, S. 231ff.

Zhu, Bokun, et al.: *Yixue – Jichu jiaocheng* (»Grundlehrgang zur I-Ging-Lehre«), Peking 2000

DER AUTOR

Dr. Georg Zimmermann, geboren 1946 in Basel, studierte Sinologie, Japanologie und Philosophie an der Universität Zürich. Nach intensiver Beschäftigung mit dem meditativ ausgerichteten Taoismus, den er auch als Schüler des inzwischen verstorbenen taoistischen Meisters Chen Wenzhong praktizierte, nahm er an einem mehrjährigen Übersetzungsprojekt taoistischer Texte teil, aus dem u. a. die Publikation *Liu Hua-Yang: Das Große Werk* hervorging. Seit über 35 Jahren begleitet ihn das I Ging, das er anhand der Quellen erforscht; seine Kenntnisse gibt er in Kursen und Lebensberatungen weiter. Er plant die Herausgabe einer neuen, zeitgemäßen Gesamtübersetzung des I Ging mit ausführlichen Kommentaren und Erläuterungen.

Kontakt:
Dr. Georg Zimmermann
Schönaustraße 47
4058 Basel
Schweiz

GLOSSAR

Beharrlich   Es besagt, auf dem eingeschlagenen Weg zu bleiben. Gelegentlich wird auch davor gewarnt, nicht beharrlich dabeizubleiben. Beharrlich bedeutet, »seine Angelegenheiten zu bewerkstelligen«.

Beschämung   Die Situation ist an sich nicht so schlecht, doch indem man gerade das tut, was nicht förderlich ist, wird sie sich verschlechtern. Beschämung, wird gesagt, »äußert sich als Unbekümmertheit«.

Entsprechen   Sind im Hexagramm die zwei Striche, die sich in den beiden übereinander liegenden Teiltrigrammen auf gleicher Höhe befinden (unterster und 4. Platz, 2. und 5. Platz, 3. und oberster Platz), von unterschiedlicher Qualität (Yin- und Yang-Strich oder Yang- und Yin-Strich), so sagt man, sie entsprechen sich. Solche Entsprechungen deuten auf eine Ausgewogenheit des Hexagramms (vgl. S. 42) hin.

Erhaben   Dieser Ausdruck bezieht sich auf eine Entwicklung von allem Guten – es geht also um etwas, was für mich und andere beziehungsweise für die Welt gut ist.

Fördernd   Der Ausdruck bezieht sich auf eine Übereinstimmung mit allem Gerechten: Es geht also um etwas, das für alle Seiten förderlich ist.

Fördernd ist es, den großen Mann zu sehen   Der »große Mann« (Wilhelm) oder wörtlich der »große Mensch« wird als ein Idealmensch interpretiert, der mit sich selbst und dem ganzen Kosmos in Übereinstimmung lebt. Im Urteil oder in den Strich-Worten bezieht sich der »große Mensch« im Allgemeinen auf den fünften Strich, sofern er ein Yang-Strich ist (ein starker Strich in der Mitte des oberen Teiltrigramms nimmt gewöhnlich eine das Ganze zusammenhaltende Position ein). Derjenige, der ihn sehen soll, ist der mittlere Strich des unteren (inneren) Trigramms, das heißt der zweite, der oft mit dem Willen in Zusammenhang gebracht wird. Es geht also um ein starkes Ausleben nach außen, das aber im Inneren (unteres Trigramm) seine feste und sichere Abstützung finden soll.

Fördernd ist es, das große Wasser zu überqueren   Es steht nicht, wie Wilhelm übersetzt, das »große Wasser« da, sondern der »große Strom« – gemeint ist also nicht das Meer. Die beiden gewaltigen Ströme, der Huanghe (»Gelber Fluss«) und der Jang-tse, sind wahrlich »große«, Kilometer breite Ströme, die man nicht ohne weiteres überqueren kann. Ausgedrückt wird mit diesem Satz, dass es sinnvoll und gut ist, sich Neuem zuzuwenden und vom Alten mehr oder weniger endgültig Abschied zu nehmen.

Gebührender Platz Befindet sich ein Yang-Strich auf einem Yang-Platz (Yang-Plätze sind die untersten, dritten und fünften in den Hexagrammen) oder ein Yin-Strich auf einem Yin-Platz (dem zweiten, vierten oder obersten Platz), so ist der Platz gebührend (s. S. 43f.).

Gelingen Der Ausdruck bezieht sich auf etwas allseitig Schätzenswertes, das heißt auf etwas, das nicht nur für mich und andere gut ist, sondern das wir auch alle annehmen können und als gut einschätzen.

Heil Erlangung eines guten Ziels; man befindet sich also auf einem segensreichen Weg.

Kein Makel/ohne Makel Man befindet sich auf dem rechten Weg, es geht also um eine Bestätigung: »Mach nur so weiter, und es wird gut!«

Kernzeichen Die Hexagramme setzen sich aus einem unteren und einem oberen Teiltrigramm zusammen. Dazwischen ergeben sich zwei weitere Trigramme, ein unteres Kernzeichen (zweiter, dritter und vierter Strich von unten) und ein oberes Kernzeichen (dritter, vierter und fünfter Strich). Diese schaffen eine spezifische Vermittlung zwischen den beiden Teiltrigrammen.

Kommen und Hingehen Ist von »Kommen« die Rede, so handelt es sich stets um eine Hinwendung von außen (oben) nach innen (unten). Umgekehrtes gilt für das »Hingehen«. Leider übersetzt Wilhelm Letzteres sehr uneinheitlich, sodass nicht immer klar wird, was gemeint ist (neben »Hingehen« u.a. auch »Weitermachen«, »Fortschreiten«).

Nicht gebührender Platz Befindet sich ein Yang-Strich auf einem Yin-Platz (Yin-Plätze sind die zweiten, vierten und obersten in den Hexagrammen) oder ein Yin-Strich auf einem Yang-Platz (auf dem untersten, dritten oder fünften), so ist der Platz nicht gebührend (s. S. 43f.).

Reue Man befindet sich auf einem Weg, der zu Schlechtem führen könnte, kann ihn aber durch Reue abwenden und sich einem heilbringenden Weg zuwenden. Reue wird als Äußerung von Besorgnis interpretiert.

Unheil Man ist in einer Situation, die schlecht ist. Unter Umständen kann eine solche Situation aber gerade notwendig sein, damit man zum Heil findet.

Zentral und korrekt So werden Yin-Striche auf dem zweiten Platz und Yang-Striche auf dem fünften Platz in den Hexagrammen bezeichnet. »Korrekt« hat eigentlich dieselbe Bedeutung wie »gebührend«, das heißt es handelt sich um einen Yin-Strich auf einem Yin-Platz beziehungsweise einen Yang-Strich auf einem Yang-Platz. »Zentral« deutet auf die Mitte des unteren beziehungsweise oberen Trigramms in den Hexagrammen hin.

REGISTER

Befragung an   21, 62, 65, 71
  mit Münzen   21, 83
  mit Stäbchen   21, 80
Besprechung der Zeichen,
  (Shuogua), einer der »zehn
  Flügel«   15, 86
Bildworte (Wilhelm: »Das
  Bild«), einer der »zehn
  Flügel«   50, 54, 85

Entsprechungen   42, 66, 92

Granet, Marcel   88
Große Abhandlung (Xici),
  einer der »zehn Flügel«   86

Hexagramme   29
  Aufbau   41, 52, 63
  Struktur   41
  Wandlungs-   83
    3. Die Anfangs-
       schwierigkeit   51, 73
    6. Der Streit   24, 31
    7. Das Heer   76, 78
    8. Das Zusammenhalten
       57
   11. Der Friede   32
   12. Die Stockung   32
   17. Die Nachfolge   59, 77
   18. Die Arbeit am
       Verdorbenen   77
   19. Die Annäherung   76
   20. Die Betrachtung   77
   23. Die Zersplitterung   38
   24. Die Wiederkehr   60
   26. Des Grossen
       Zähmungskraft   32
   27. Die Ernährung   34
   28. Des Grossen
       Übergewicht   71f.
   29. Das Abgründige
       76, 79
   31. Die Einwirkung   39
   32. Die Dauer   71
   34. Des Grossen Macht
       33
   36. Die Verfinsterung des
       Lichts   37
   38. Der Gegensatz   37,
       43f.
   39. Das Hemmnis   36, 72
   40. Die Befreiung   71
   41. Die Minderung   39, 41
   42. Die Mehrung   61, 73,
       75
   44. Das Entgegenkommen
       23, 34, 70
   47. Die Bedrängnis   35
   53. Die Entwicklung   35
   54. Das heiratende
       Mädchen   12, 26
   60. Die Beschränkung   58
   62. Des Kleinen
       Übergewicht   38
   63. Nach der Vollendung
       59
   64. Vor der Vollendung   25

Kernzeichen   41, 66, 93
Konfuzius   14

Mawangdui-Manuskript   13

Plätze   43, 66
  gebührende   43, 93
  nicht gebührende   43, 93

Reihenfolge der Hexagramme,
  (Xugua) einer der »zehn
  Flügel«   50, 53, 86

Striche
    mittlere   67
    nicht wandelbare   22
    wandelbare   22
Strich-Worte (Wilhelm: Die
    einzelnen Linien)   46, 50,
    56, 85

Tao   15f.
Tao te king (Lao Tse)   67
Te, innere Kraft, Motivation
    15, 17
Trigramme   29
    Familie   30, 39
    Dui, der See   26, 38, 46
    Gen, der Berg   37, 52
    Kan, das Wasser   24, 35,
        46, 52

Kun, die Erde   32
Li, das Feuer   25, 36, 45
Qian, der Himmel   23, 31
Sun, der Wind   23, 34
Zhen, der Donner   26, 33,
    42, 52

Urteil   11, 50, 54, 85

Vermischte Zeichen, einer der
    »zehn Flügel«   50f., 86

Wang Bi   64, 69
Wilhelm, Richard   7, 87

Yin und Yang   15

Zehn Flügel   12, 85